朝日新書
Asahi Shinsho 935

一億三千万人のための『歎異抄』

高橋源一郎

朝日新聞出版

一億三千万人のための『歎異抄』　目次

『歎異抄』を読む前に

——高橋源一郎

昔、ひとりの若者がいた。

その若者が生まれたのは1173年。いまから850年も前のことだ。どんな時代だったかというと、その若者が生まれる少し前に、歴史の教科書やNHKの大河ドラマによく出てくる「保元の乱」とか「平治の乱」という内戦があって、平清盛が勝ち、平氏が全盛時代を迎えた頃だ。その頃、その若者は下級貴族の息子として生まれた。出世の見こみがないので、当時の貴族の子弟の多くがそうしたように、その若者は出家をして、比叡山に入った。お坊さんになったんだ。そのとき、その若者はまだ九歳だった。

　ちょうどその頃、「源平合戦」が始まっていた。1181年には平清盛が亡くなった。また「養和の大飢饉《ききん》」といわれる大きな自然災害もあった。京都だけで四万人以上も亡くなったといわれている。戦争と飢饉の時代だったんだ。そんな時代にその若者は比叡山で熱心に仏教を勉強していた。

　その若者はなぜに仏教を勉強していたのだろう。自分が救われたいと思って、勉強していたのだろうか。それとも、みんなを救いたいと思っていたのだろうか。それとも、現代のふつうの学生が、将来特になににになると決めていなくても、とりあえず大学に行くように、とりあえず出家しただけだったのだろうか。いや、850年も前の人の考えることなんか想像を絶しているのだろうか。

　そんなことはない。ぼくたちは、その頃の、あるいはそれよりもずっと前の詩や文学や手紙や日記を、彼らが書いたものを読むことができる。それらを読むと、その頃の人たちもいまのぼくたちとほとんど変わらないことがわかる。同じようなことで悩み、同じようなことで喜んでいた。もしかしたら、人間はちっとも進化しないのかもしれない。

その若者は20年間仏教を勉強した。そして、なにもわからなくなった。仏教ってなんだろう。仏ってなんだろう。救いとか悟りとか信仰とかってなんだろう。なんのために、誰のために、それはあるのだろう。まるでわからない。

それは、確かに若者らしい悩みだった。誰だってその年齢の頃には迷う。いや、もっと前から迷う。まともな人間なら誰だって迷う。だから、その若者は比叡山を下りた。自分を見つめなおすために。みんなが行く道からはずれたのだ。そして、自分の道を探し求めた。なによりも、自分の進むべき道を教えてくれる誰かを探した。

そして、その若者は自分のセンセイを見つけた。導師、導いてくれる人を、だ。ルーク・スカイウォーカーにとってのヨーダみたいな人を。

その人の名前は「ホウネン」といった。そして、その若者は、その「ホウネン」さんの下で、自分の考える「仏教」の道を歩き始めた。「ホウネン」さんや、その弟子になったその若者の考える「仏教」が、どのようなものなのかについては、これからゆっくり書いていくことにしよう。でも、それはとても革命的な考えだった、ということだけはいっておきたい。

1207年、大事件が起こった。「ホウネン」さんやその若者の仏教の考え方は「異端」だという非難が、他の僧侶たちから巻き起こった。そういう非難はずっと前からあった。「ホウネン」さんやその若者の考え方は、他の仏教徒、というか他の宗派の僧侶から嫌われていたのだ。その圧力はどんどん増していって、ついに朝廷を動かした。「ホウネン」さんやその若者たちの布教は禁止された。それだけじゃない、「ホウネン」さんやその若者を含めて八人の僧侶が追放刑になった。他に四人の僧侶が死罪になったのだ。

歴史に残る宗教弾圧事件だった。さらに考えられないような刑罰が彼らに加えられた。「僧侶」であることさえ許されなかったのだ。

「ホウネン」さんは還俗《げんぞく》（出家していたのに、元の世俗の人に戻ることだね）させられ、名前も、世俗の人らしく「藤井元彦」となった。

その若者もそうだった。実のところ、その若者の名前がどう変わっていったのかはよくわかっていない。最初に比叡山にいた頃は「範宴（ハンネン）」、「ホウネン」さんの下で「綽空（シャックウ）」、それから「善信（ゼンシン）」へと変わっていった。強制的に還俗させられたとき、その「善信」に、勝手に「藤井」がつけられ、その若者は「藤井善信（フジイヨシザネ）」とされたのだ。

ここまで書けば（いやもうずっと前から）わかってもらえると思う。「その若者」とは「親鸞（シンラン）」のことだ。

「シンラン」は、ものすごく有名な僧侶だ。というか宗教家だ。もしかしたら、日本でいちばん有名な宗教家かもしれない。

名前だけなら誰だって知っている。でも、「シンラン」がなにを考えていたのかはそれほど知られていない。まあ、たいていのことはそうなんだけれど。

名前は知っているけど、中身までは知らない。そうやってぼくたちは生きてゆく。ぼくもそうだ。作家、芸術家、科学者、英雄……たくさんの名前を知っている。それからちょっとした知識もある。でも、その人のことがわかったといえるほどの人はほとんどいない。そうやって、ぼくたちは「薄い知識」で生きている。

それでいいのだと思う。でも、ときどき残念になる。ときどきだけれど。

実は、この10年ほど、ぼくは熱心に「シンラン」を読んできた。「シンラン」が書いたものを、「シンラン」について書かれたものを。最初はびっくりした。それから、考えこんでしまった。そして、繰り返し読んだ。知りたいと思った。「シンラン」について深く知りたいと。「薄い知識」ではいやだと思った。そう、「たのしい知識」にしたいと思った。ほんとうに心の底から、そのことについて、そうだと確信をもっていえるような知識にしたいと思ったのだ。

みなさんも気づかれたと思うけれど、ぼくはずっと「シンラン」という書き方をしている。それから「ホウネン」という書き方も。

少しだけその説明をしたい。

もちろん、「シンラン」は「親鸞」のことだ。「ホウネン」は「法然」のことだ。それが正しい。それがふつうだ。どの本にもそう書いてある。でも、そういう書き方では、なんだかちがうような気がする。ぼくはずっとそう思ってきた。というのも、そこから、その書き方からわかるのは「薄い知識」のような気がするからだ。

さっきから、「気がする」ということばばかり使って、すいません。でも、ぼくは、自分の「気がする」を大切にしている。そこから考えてみたいと思っている。

「親鸞」については、たくさんの、たくさんの人たちが書いてきた。そのどれもが参考になるし、勉強になる。だから、ぼくもそれらをたくさん読んだ。そして、こう思った。でも、そこで書かれているのは、彼らの「親鸞」であって、ぼくの「親鸞」じゃない。

こういう言い方はおかしいと思う人もいるだろう。だって「親鸞」はひとりじゃないか。「親鸞」についてみんなが書いたからといって、それはどれも同じ「親鸞」について書いたわけじゃないか。彼らの「親鸞」とか、「ぼく」の「親鸞」とか、いったいどういう意味なんだって。

いや、確かに「親鸞」はひとりだけ存在した。それはぼくにもわかる。ただひとりだけの「親鸞」がいたのだ。けれども、ぼくたちが読み、理解する「親鸞」はちがう。他人によって理解されるとは、極端な言い方をするなら、それは「誤解」されるということだと思う。誰がほんとうに、「親鸞」を百パーセント正確に理解できただろう。そんなことは誰にもできない。たとえば、『歎異抄』はいろんな人が現代語に訳している。もちろん、ぼくの『歎異抄』も同じだ。そして、それを読むと、どの『歎異抄』の「親鸞」も、みんな少しずつちがうのだ。当たり前じゃないか。誰かそこにいない人について、他の誰かについて話す。いや人でなくってもいい。たとえば、一冊の本について、一枚の絵について、一本の映画について誰かと話す。目の前にいる誰かが読んだ本は、なんだかぼくの読んだ本とはちがう気がするだろう。ぼくが見た絵と、別の誰かが見た絵とはまるでちがう絵みたいだと思うことだってあるだろう。その人が話す映画のシーンが、ぼくが見た同じ映画にはあったと思えないのはなぜだろう。ひとりの人間は、あるなにかを、その人間が持っている知識や感覚で理解することしかできない。そんなことは当たり前だ。だから、現実の「親鸞」はひとりでも、みんながそれぞれに受けとった「親鸞」はひとりじゃない。

現実の世界ではひとりしかいない「親鸞」も、ひとたびことばの世界の住人になったとき、それを読む人たちの数だけ存在するのである。

だから、ぼくは、いままで読んできたたくさんの「親鸞」のどれともちがう「親鸞」のことを書きたいと思った。ぼくが感じた、ぼくが理解した「親鸞」のことを書きたいと思った。

だから、他のみんなの「親鸞」と区別するために、それを「シンラン」と呼ぶことにした。それは、ぼくだけの「シンラン」という意味だ。


1262年、「シンラン」は九十歳で亡くなった。それからおよそ30年後の1290年頃、「シンラン」の弟子が一冊の本を書いた。『タンニショウ』という本を。別の書き方をすると『歎異抄』だ。たぶん、日本の仏教の本でいちばん有名かもしれない。というか、仏教のことなんか知らない人でも知っている。いや、もしかしたら、仏教の聖典であるたくさんのお経よりも読まれているかもしれない。仏教の世界のスーパーベストセラーだ。

ぼくが初めて『歎異抄』を読んだのはずいぶん前だった。おもしろかった。なんだかわかった気がした。でも、わからないような気もした。というのも、７００年近くも前の本をどう読んだらいいのか、そのときにはよくわからなかったからだ。それは、外国語で書かれた本を読むときも同じだ。もちろん、ぼくもたいていは翻訳で読む。いい翻訳はとても役に立つ。でも、読んでいて、これでいいのだろうか、ほんとうにこんなことばを作者は書いたのだろうかと思うこともある。

外国語で書かれた本。それから、遠い昔に書かれた本。それはそのままでは読むことができない。そのままで読む、というのは、そのときの作者がそのときの読者に向かって書いたときのように、ということだ。あるいは、その時代の読者のように読む、ということだ。それが「ほんとうにわかる」ということじゃないだろうか。

もちろん、いま書かれている本だって、みんなちゃんと読者に理解されているわけじゃない。そんなことは当たり前だ。現代の、というか現在の本だって、作者が書いたことをどの程度読者が理解しているのかはわからない。いや、それでは作者の方が読者より「上」だということになってしまう。書く方も読む方も、それぞれたくさんの問題を抱えているのがふつうだ。だから、お互いに理解し合えているのかは疑わしい、という言い方の方が正確かもしれない。ぼくはそれでも書くし、読んでいきたいと思っている。わかってもらえただろうか。なにかをほんとうに理解すること。理解し合うことは難しい。いまの本だってそうだ。同じ環境に生きて、同じことばを使っている人間同士のものだって理解することが難しいなら、外国語で書かれたものや遠い昔に書かれたものは、もっとずっと難しいはずだ。

ずいぶん前、アメリカの作家の小説を翻訳したとき、「注」を一つもつけないことにした。たぶんアメリカの読者はそんなものを必要としないからだ。でも、当然のことだけれど、日本の読者には、「注」なしではわからないことがたくさん出てくる。だから、ぼくは、その翻訳では、「注」がなくても自然にわかってもらえるように、本文の中にすべてを書きこむことにした。

別の日本の古い本を「翻訳」したときにも、外国の作品でしかも古い時代の本を「翻訳」したときにも、「注」はつけなかった。だって、その本が生まれたときの読者には必要がないはずだったから。だいたい、ぼく自身、「注」付きの本を読むのは好きじゃない。ただひたすらその本に向き合っていたい。ただその作者の「声」を直接聞きたい。大切なのは「薄い知識」を得ることじゃない。その作者の「声」を聞きわけることだ。ぼくはそう思っている。でも、どうすれば、「声」を聞きわけることができるのだろうか。そして、どうすれば、聞きわけた「声」を、読者に届けることができるのだろうか。

ぼくは繰り返し『歎異抄』を読んだ。どんどん好きになっていった。そして、いつの間にか、その本は『歎異抄』から『タンニショウ』になっていた。いろいろな人たちが読んだ、いろいろな『歎異抄』ではなく、ぼくだけが聞き取った作者の「声」、それが『タンニショウ』だ。

おそらく、すべての本はそのように読まれたいと思っている。すべての人に同じようにではなく、誰かひとり、そのひとりひとりに個人的に届くようにと。だから、ぼくのところに届いたその作者の「声」は、やはりひとりの「声」だ。ひとりの「声」だけが、誰か別のもうひとりのところに届くのだとぼくは思う。

もしかしたら、「宗教」や「信仰」というものに意味があるとするのなら、それはどんなに巨大な数の人びとのところに届くとしても、ほんとうは、「ひとり」から「ひとり」へ届くものだからなのかもしれない。でも、そのことも後でゆっくり考えよう。

さあ、準備はできた。これから、ぼくは、みなさんと「シンランのことば」について考えてゆくつもりだ。そのためには、「シンランのことば」を直接、みなさんに届けたいと思う。それは、元々は『歎異抄』という本だった。でも、いつしか、それは、ぼくにとって『タンニショウ』という本に変わった。あるいは、『シンランのことば』という本に。もちろん、原文は『歎異抄』だ。中身を変えるつもりはない。けれども、700年前の読者と、いまの読者とでは条件がちがう。いまの読者の方が不利だ。700年前の作者も不利だ。いろいろなことが変わってしまったから。ほんとうはわかりあえるはずなのに、時間が読者と作者を引き裂いてしまった。だから、ぼくがちょっとだけお手伝いをします。ほんのちょっとだけだから、ご心配なく。「シンラン」がいったことだけを、いまのことばに少しだけ変えて、「シンラン」がいま生きていたとしたら、きっとこういうだろうな、そんなことばに少しだけ変えて、みなさんに届けるつもりです。

『シンランのことば』を、いや『タンニショウ』を書いたのは、「シンラン」の弟子の「唯円（ユイエン）」という人だ。

ヨハネやマルコやマタイやルカという弟子たちが、そのセンセイであるキリストのことばについて書いたように。たくさんの弟子たちが、そのセンセイである「孔子（コウシ）」について書いたように。プラトンやクセノフォンといった弟子たちが、そのセンセイであるソクラテスについて書いたように。ユイエンはシンランのことばについて書いた。正確にいうなら、自分が耳にしたそのことばを記憶の中から取り出して、本の中に記した。「シンラン」のそのことばは、弟子であるユイエンを貫いた。その貫いた刃のようなことばは、それから700年たっても古びずに、生きている。その理由を考えてみたい。そこに、「宗教」や「信仰」についての秘密があるように思えるからだ。

それでは、どうぞ。

『歎異抄』（もしくは、『タンニショウ』、もしくは『シンランのことば』）

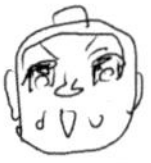

はじめのことば

こんにちは。初めまして。ぼくの名前はユイエン。ぼくは「あの方」の弟子だった。それだけわかってもらえれば、あとはいい。あとは「あの方」のことばを読んでください、お願いします。

ぼくはずっと考えてきた。「あの方」のことばのことをずっと。「あの方」が亡くなってずいぶん時間がたった。あの頃とはなにもかもちがってしまった。あちこちで「あの方」の「おしえ」だというものを聞いた。まるでちがう。「あの方」の「おしえ」はそういうものじゃない。いま、あちこちで見かける、「あの方」の「おしえ」と称するものはみんなにせものだ。そう思う。だから、ぼくは悔しい。

どうしてそんなことになってしまったんだろう。それは、「あの方」のことばそのものを読まなくなってしまったからだ。「あの方」のことばを借りて、取るに足らない自分の考えを押しつけるものばかりになってしまった。「あの方」のおしえは、そんなつまらぬものじゃない。こんなことでは、「あの方」の「おしえ」そのものが疑われるようになってしまう。うんざりする。

ぼくたち浄土真宗（ジョウドシンシュウ）といえば念仏（ネンブツ）だ。あの南無阿弥陀仏（ナムアミダブツ）ってやつ。他にもあるけど「ナムアミダブツ」がいちばん有名な「ネンブツ」だ。信者ではない人だって一度はとなえたことがあるだろう。簡単だし、覚えやすいし。そう「ナムアミダブツ」さえとなえれば、極楽（ゴクラク）へ行ける。みんなそう思ってる。信者だってそうかもしれない。でも、ほんとうはそうじゃない。そんな簡単なものじゃない。やることは簡単だけど、深く考えなきゃならない。それが、「あの方」の「おしえ」なんだ。一見簡単そうに見えることだって、ほんとうにわかるためには、よく考えなきゃならない。でも、それってむずかしい。すごくね。

それをぼくに教えてくれたのは「あの方」だった。どの道を進んでゆけばいいのか、そっと背中を押してくれたのが「あの方」だった。誰だって自分ひとりではたどり着くことができない。「あの方」だってそうだった。自分の力じゃない、誰かの力が必要なんだ。そういう人が必要なんだ。でも、もう「あの方」はいない。

だから、ぼくは思った。「あの方」はいなくなったけれど、「あの方」のことばは残っている。どこに？　ぼくの耳の奥底に。

たとえば「あの方」はおっしゃった。「ユイエン、おれたちにできるのは、阿弥陀（アミダ）のお力におすがりすることだけなんだ」って。それからもっとたくさんの大切なことを。

ぼくのことばはここでお終《しま》い。ここから先は、「あの方」のことば、ぼくの耳の底でいまも鳴り響いている「あの方」のことばです。どうか読んでください。「あの方」がおっしゃることばを。

ほら。聞こえてくるでしょう。

パート1

その一　アミダのお誓い

あるとき、「あの方」はぼくにこういった。

「アミダという仏がいた。

あるとき、アミダは、おれたち人間にははかり知ることのできない不思議なことを考えた。おれたち人間を救おうと思われたのだ。そして深く深く、強く強くそのことを誓った。だから、おれたちはかならず救われるのだ。死んだらかならず浄土（ジョウド）というところに行くことができるのだ。そう固く信じてネンブツをとなえようと思うこころがめばえたときには、すでにもうおれたちは救われているのだ。暗いおれたちの世界がアミダの光で明るく包まれるのだ。

ネンブツをとなえるとは、アミダの名前をとなえることだ。名前をとなえるのだ。その仏（ホトケ）の名前を呼ぶのだ。おれたち人間にできるのはそれだけだ。いつかそのことがすべての人びとにわかるときがくるのだよ。

ユイエン、アミダのお誓いの中にこういうものがある。

『人びとが、こころの底から全身全霊ジョウドに生まれ変わりたいと願い、強い思いで繰り返しネンブツをとなえても、結局ジョウドに行けないなら、そんなことが許される世界なら、そんな世界でわたしは悟り（サトリ）を得たいとは思わない』

アミダはそれほどまでにおれたちのために誓われたのだ。おれたちみんなのために。老いも若きも、善人も悪人も、あらゆる人間のために。だから、ただおれたちはアミダにすべてをゆだねればいい。それだけでいいのだ。

なぜなら、アミダは、罪深く、どうしようもなく煩悩（ボンノウ）に焼かれてしまうおれたちを、そのおれたちをこそ救うために誓われたからだ。

おれはアミダのお誓いを信じる。けれども、そのためにわざわざなにか特別に善いことをする必要はないのだ。なぜなら、ネンブツをとなえること以上に善いことなどないのだから。悪いことをしてしまうのではないかと、ビクビクする必要もない。なぜなら、アミダのお誓いを無にしてしまうような悪など存在しないのだから」

その二　ジゴクこそわたしにふさわしい場所

またあるとき、「あの方」は遠くから会いに来た人たちにこういった。

「こんにちは。シンランです。よろしくお願いします。

みなさんは、はるばる関東（カントウ）から、けわしい山坂を越え、命がけで京都（キョウト）までいらっしゃった。すごいです。感動しました。あなたたちの真剣さに。でも、いいですか。ちょっといいたいことがあるんです。さっき、少しだけあなたたちのお話を聞きました。みなさんは、なんとかして極楽（ゴクラク）に往生（オウジョウ）したいと願って、そのためにいらっしゃった。要するに、死んだらジョウドに生まれ変わりたいわけですよね。気持ちはよくわかります。でも、わたしなら、ネンブツ以外のやり方も知ってるのではないか、とか、そういうことが書いてある特別なお経を教えてくれるのではないか、とか。そんなことを期待してるみたいですね。

ごめんなさい。だったら、無理です。申し訳ないけれど、そんな期待には応えられません。どうしてもネンブツ以外の他のやり方を知りたかったら、奈良（ナラ）にある有名なお寺や、そんなお寺で一杯の比叡山（ヒエイザン）にでも行ってください。そこには頭のいいお坊さんがたくさんいて、ゴクラクオウジョウの秘儀やら奥義をあなたたちに教えてくれるかもしれません。あの人たちはその道の専門家ですからね。

けれど、わたしはちがいます。わたしはただネンブツをとなえるだけです。『ただネンブツをとなえるだけであとはすべてアミダにおまかせしなさい』とおっしゃった、わたしのセンセイ、法然（ホウネン）さまのことばを信じて、それを実行しているだけです。他にはなにも知りません。他にはなにもできません。

正直にいいます。ネンブツをとなえて、ほんとうにゴクラクジョウドに行けるのか、それともジゴクに落ちてしまうのか、わたしにはわかりません。ほんとうにわからないのです。

けれどそれでもいいのです。そんなことはどうだっていいのです。結果としてホウネンさまにまんまとだまされ、ネンブツをとなえながらジゴクに落ちたってかまわないのです。

わかりますか、その意味が。ネンブツをとなえる以外にジョウドに行けるやり方があるなら、そのやり方で一生懸命修行したらゴクラクに行けるなら、ネンブツなんかとなえたせいでジゴクに落ちたとき後悔するかもしれません。人間ってそういうものだから。でも、わたしはそうじゃない。どんな修行もできない。ただネンブツをとなえることしかできない。ネンブツをとなえることしか知らない。他にはなにもできない。そんな無能な人間なんです。だから、はっきりこういえるのです。わたしのような人間にふさわしい場所は、ゴクラクじゃなくジゴクなんです。そう、ジゴクこそがわたしにふさわしい。わたしは、そういう人間なんです。

アミダの『すべて生きとし生けるものを救いたい』というお誓いが真実なら、そのことを経典でも説かれている釈迦（シャカ）のことばがウソのはずがありません。

シャカのことばがウソじゃないとしたら、そのシャカのことばをわたしたちにわかりやすい形で伝えてくださった唐の時代の善導大師（ゼンドウダイシ）の教えもウソのはずがありません。

そして、ゼンドウダイシの教えがウソじゃないなら、その教えをもとにネンブツをとなえることの意味をみんなに知らせたホウネンさまのことばもウソのはずがないのです。

だとするなら、みなさん。アミダが信じられるなら、シャカが信じられるなら、ゼンドウダイシが信じられるなら、ホウネンさまが信じられるなら、わたしを信じてください。

わたしがいいたいのはそれだけです。わたしはただもう信じているだけです。ネンブツをとなえてゴクラクにオウジョウする。他に知っていることはなにもありません。

さあ、お話ししたかったことはこれでぜんぶ。みなさんが、ネンブツをとなえるということを信じ、ただそれだけをして生きてゆこうとなさるのか、そんなものは信じられないと捨ててしまうのか。どちらを選んでもかまいません。すべてはみなさんのこころのまま。あなたたちの自由なんです」

その三　悪人だからこそゴクラクに行けるんだ

あるとき、「あの方」はぼくにこういった。

「善人でさえ、死んでからゴクラクジョウドに行くことができるのだから、悪人なら当然行けるはずだ。おれはそう思うんだ。わかるかい、ユイエン。

ふつう、そうは思わないだろう。

『あんなひどいことをした悪人でさえ、救われてジョウドに行けるのなら、善人はもう無条件でゴクラクジョウド行き確定だよな』って思う。それがふつうの考え方だ。

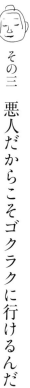

確かに、ぼんやり聞いていると『ふつうの考え』の、その論理は正しそうに思える。ユイエン、でもそうじゃないんだ。それは、おれたちが信じている『本願他力（ホンガンタリキ）』、つまり『すべてをアミダにおまかせする』という考えから遠く離れた考えなんだ。

善人というものは、もっと正確にいうなら、自分を善人だと思いこんでいる人間は、なにかにすがらなきゃ生きてはいけないというような、ぎりぎりに追い詰められた気持ちを持ってないんだ。なにか善いことをしてその見返りでゴクラクオウジョウできるんじゃないかって思ってるんだ。こころの底ではね。それじゃダメなんだ。そういう計算ずくの人間たちを救うことは、アミダにだってできないのさ。

でも、そんな善人だって、ちっぽけな自分にできることなんか実はなにもないと気づいたなら、なんの力もないのだからアミダにおすがりするしかないと思えるようになったのなら、そのときには、ほんとうのジョウドというところに行くことができるんだと思う。

いいかい、ユイエン。おれたち人間はどうあがいても、欲望からも苦しみからも逃れることはできない。絶対に、だ。どんなにすごい修行をしても、生きることの苦しみ、死なねばならないことへの恐れを忘れ去ることはできない。おれたちは、人間である限り死ぬまで苦しみつづけるしかないんだよ。アミダはそんなおれたちを憐れんでくださった。救ってくださろうと、誓いをたてられたんだ。

ユイエン、悪人ってなんだ？　おまえにはわかるか？　生きてゆくためには、どうしても悪を選んでしまう人間のことだ。どうして人は、どんな悪とも無縁で生きてゆけるだろう。そもそもほかの生きものの命を奪わなければ、生きてはいけないというのに。

だから、ユイエン。おれたち人間はみんな生まれついての悪人なんだ。そんな、悪人として生きるしかないおれたちを、アミダは救ってくださろうというんだよ。

だとするなら、自分には、救われるための資格なんかなにもないと最初からすべてをあきらめ、アミダにおすがりするしかないと考えている悪人こそ、いちばんジョウドに近い人間ではないだろうか。

自分の中にある悪に気づかない善人でさえ、ゴクラクジョウドにオウジョウできるとしたら、自分の悪を見つめて生きるしかない悪人なら当然オウジョウできる、というのは、そういう意味なんだよ」

その四　ジヒってなんだ

あるとき、「あの方」はぼくにこういった。

「慈悲（ジヒ）の話をしようか。ジヒは他人を救いたいと思う深く切実な気持ちのことだ。だから、ジヒは仏教（ブッキョウ）でもっとも大切な考え方だってことは知っているね。

でも、ジヒには二種類ある。一つは、自力（ジリキ）の宗派の人たちが考えるジヒだ。それを、おれは『聖道（ショウドウ）のジヒ』って呼んでいる。『聖なる道』のジヒだね。

その『ショウドウのジヒ』っていうのは、生きとし生けるものすべてを、憐れみ、いとおしみ、そして自分の力で大切に護《まも》り育ててゆこうという気持ちだ。いいことだと思うだろう？　おれだってそう思う。けれどね、ユイエン。そんなことがほんとうに、おれたち無力な人間にできるのだろうか。救われるべきものはこの世にむげんにある。すべてを救うことなんか誰にもできやしないのだ。いや、そもそも人間なんかに他人を救う力があるんだろうか。

それに対して、おれたち他力（タリキ）の宗派が考える『ジヒ』はちがう。それを、おれたちは『ジョウドのジヒ』って呼んでいる。

それは、とにかくネンブツをとなえてジョウドに生まれ変わり、すべてを救いたいとおっしゃるアミダのジヒのこころになって、そしてすべての人びとに向かい合うということだ。

この世では、憐れな人びとをどんなに助けたいと願っても、すべての人びとを救うことなんかできやしない。いや、そもそも誰かひとりでもほんとうに救うことなんかできるのだろうか。誰かをどんなに憐れに思っても、その向こうに、もっと憐れな人びとが次から次に絶え間なく現れる。それが、『ショウドウのジヒ』の、いや『ジリキ』の限界なのだ。だから、おれたちは、ただネンブツをとなえる。生の苦しみにあえぐすべての人びとを救うことができないおのれの無力さに思いを馳せながら。ただ祈るんだ」

その五　いくらネンブツをとなえても誰も救えない

あるとき、「あの方」はぼくにこういった。

「ユイエン、おれは自分の父親や母親を供養するためにネンブツをとなえたことは一度もない。なぜだかわかるかい。

いのちあるものはすべて、繰り返し、何度も果てしなく、生まれ変わり死に変わりしてゆく。そのどこかで、かならず誰かの親になりきょうだいになる。だとするなら、いつかおれがホトケになることができたなら、そのときには、父や母だけではなく、誰でもみんな救うこともできるはずなんだ。

そもそもネンブツは、直接誰かを助けたり、救ったりはできない。誰かを助けたり救ったりできると思うのは、『ジリキ』の連中の考え方だ。そうじゃないんだよ。いくらネンブツをとなえたって、誰も救うことなんかできないんだ。もちろん親や肉親だって。

なにもできない、誰も救うことができない無力なおれたちに、唯一できるのはネンブツをとなえることだ。そして、アミダの不思議なお力を借りて、ジョウドに生まれ変わることができたのなら、そのときはじめて、大切だった人たちが、数えられないほど生まれ変わり死に変わりして、そのあげくどんな苦しみの中にあろうと、救い出してあげることができるんだよ」

その六　ネンブツはアミダからの贈りものだ

あるとき、「あの方」はぼくにこういった。

「ユイエン、おまえもよく知っているだろう。おれたちのように、ネンブツこそすべてだと考えるものたち、その中でも、あいつはわたしの弟子なんだよとか、確かにやつはあの男の弟子らしいなどと、どうでもいいことで言い争いがあることを。ばかばかしいじゃないか。おれには弟子なんかひとりもいない。ユイエン、おまえだって弟子なんかじゃない。なぜだか、わかるかい？

ユイエン、よく聞くんだ。もし、おれの力で誰かにネンブツをとなえさせることができるようになったのなら、そいつはおれの弟子なのかもしれない。だが、ネンブツとはそういうものじゃない。人間の力でどうなるものではないんだ。みんなアミダのお力でネンブツをとなえることができるようになる。それだけのことなんだ。ネンブツはおしえたりおしえられたりするものじゃない。アミダからいただいたものなんだ。アミダからの贈りものなんだ。なのに、わたしの弟子とか、おれの弟子とか、考えちがいにもほどがある。あきれてものもいえない。

人間というもの、縁があれば近づき、縁がなければ離れてゆく。そういうものなんだ。なのに、師とやらに背いて他の誰かとネンブツをとなえるようなものはとてもジョウドには行けない、などというやつがいる。なにもわかっちゃいないんだ。

弟子だの師匠だの、ネンブツとはなんの関係もありはしない。すべてはアミダからいただいたものなのに、自分のものだとでも思っているのか。弟子が離れていったら、自分の信心まで失ってしまうと恐れるのか。なんて愚かなやつらなんだ。

離れてゆくものはそのまま行かせればいい。やがては、去っていった弟子も、ホトケの大きな恩を知り、かつての師の恩にも気づく日が来るのだから」

その七　ネンブツは自由だ

あるとき、「あの方」はぼくにこういった。

「ネンブツをとなえるということは、なにもさえぎるもののない一本道をひたすら進んでゆくようなものだ。

なにもかもアミダにおまかせしてただネンブツをとなえるものには、天や地の神々も敬意を表してくださるし、どんな悪鬼や仏道を信じぬやからも目の前に立ちふさがったりはしない。

どんなに悪いことをしたって、その報いのことなど気にすることはないし、その逆に、どんなに善いことをしようと、結局のところネンブツをとなえる以上に善いことはないのだ。そうだ、ユイエン、ネンブツとは自由そのもののことなんだ」

その八　ネンブツは「修行」でも「善行」でもない

あるとき、「あの方」はぼくにこういった。

「ネンブツをとなえる。それはどういうことなんだろうか。ユイエン、おまえにわかるかい。

それは『修行』でもないし、『善行』でもない。一見、おかしなことに聞こえるかもしれないな。でも、そうじゃないんだ。

なぜなら、ネンブツをとなえるのは、自らとなえようと思って、進んでしようと思ってすることじゃない。だから『行』とはいえない。

そのことによって『善』が生まれたりするわけじゃない。だから『善行』じゃない。というか、そもそも『善』なんか存在しないのだから。

ネンブツをとなえるということは、タリキそのもの、ただもうひたすらアミダのお力にすがるだけのことなのだから、『修行』でもないし、『善行』とも遠くかけはなれたものなんだよ」

その九　ぼくは告白した

忘れられないことがある。長い間ずっと、ぼくはこころの奥底に秘密を隠していた。「あの方」にも明かすことができなかった。そして、秘密を隠したまま、いい弟子のふりをしつづけて、そして熱心にネンブツをとなえてもいた。けれども、ぼくのこころは晴れなかった。秘密があったから。そして、あの日が来た。

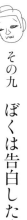

「あの方」が目の前にいた。他には誰もいなかった。

どうしてもいわねばならない。そう思った。思ったときには、もう自分を押し止めることができなかった。だから、ぼくは、「あの方」にこういった。どうしても、いいたかったことを。

「すいません、すいません。いいたいことがあるのです。正直に申しあげます。驚かないでください。破門されてもかまわない。そう思ってます。でも、どうしてもいわなくちゃならない。そう思ったのです。

ネンブツをとなえます。みなさんと同じように。ネンブツをとなえることが、この世でいちばん大切なことだから。そして、アミダの光の下で、喜びに包まれる……そう思ってました。みなさんはそうみたいですね。だから、ぼくもうれしそうにしていました。すいません。ぜんぶウソでした。ただふりをしていただけなんです。

ネンブツをとなえていても、ちっともうれしくないのです。沸きたつような喜びがあふれてくる……なんてことはまるでありません。ただもうネンブツを機械的にとなえているだけなんです。それだけじゃない。もっと罪深いことがあるんです。もっと罪深いことが……。

ネンブツをとなえると、ゴクラクジョウドへオウジョウできるはず。そのためにみんなネンブツをとなえます。ぼくたちの究極の目標はそれのはずです。わかっているんです。でも……ぼくは……ジョウドへ行きたいという気持ちがちっとも起きないんです。そんなこと、ぼくには関係ない。ジョウドってなに。そう思っちゃうんです。恥ずかしいです。苦しいです。ぼくには……ぼくには、この宗門にいる資格なんかないんです!」

ぼくは一気にこれだけしゃべった。なにをいわれてもかまわない。どんなに叱《しか》られてもいい。そう思った。ぼくは自分の信心がニセモノだって知ってた。でも、その秘密を「あの方」にだけは知られたくなかった。でも、でも……「あの方」にだけはウソをつけなかったんだ。

「あの方」は、ちょっと困ったような顔つきでぼくを見ていた。怒ってはいなかった。軽蔑したような、汚いものを見るような目つきでもなかった。そして、ポツリとこういった。

「ユイエン」

「はい」

「おれも同じだ」

「同じ……って」

「おれも、おまえと同じなんだよ。ネンブツをとなえてもちっともうれしくないし、ゴクラクジョウドへ行きたいなんて気持ちもまるで起こらないのさ」

ぼくは黙っていた。そして「あの方」がいおうとしていることばを待った。きっと大切なことをいわれるにちがいない。ぼくはそう思った。

「ユイエン。おまえはじつに大切なことをいったんだ。それはおれもずっと悩んでいたことだ。師のホウネンさまのおっしゃるとおり、ネンブツがいちばん大切だ。そう信じていた。だから、夢中になってネンブツをとなえた。ずっととなえつづけた。でもある日気づいた。おまえと同じなんだよ、ユイエン。ちっともうれしくならないんだ。おれはそれを否定しようとした。気の迷いだと思おうとした。うれしいはずだと思おうとした。でも、自分の気持ちは裏切れなかった。誰よりも熱心にネンブツをとなえるようにと説きながら、実はおれ自身は不信心者なのではないか。おれは自分を疑った。悩んだ。苦しんだ。考えた。気が狂うほどに。そして……」

「あの方」は遠くを見るような目つきになった。そして、ことばをつづけた。

「……果てしなく考えつづけた。いったい、なぜそんなことになってしまったんだろうかと。考えて、考えて、考えて、そして、突然気づいた。ネンブツをとなえるのは、天にも昇るほど喜んでいいことのはずなのに、踊り回るほどうれしいことのはずなのに、まったくその気になれない。だからこそ、おれたちはみんなジョウドへ行くことが約束されているのではないか。そう思ったんだ。

　ユイエン、わかるか？

　いくらネンブツをとなえても、うれしくならないのは、信じられないからだ。なぜ信じられないのか。迷うこころがあるからだ。この世に執着（シュウジャク）しているからだ。おれたちが生きているからだ。おれたちがこの世界に生きて、欲望にまみれているからだ。おれたちがゴクラクより地上の方にしばられているからだ。ユイエン、だからこそ、おれたちはジョウドへ行けるんじゃないのか？

　おれたちは、いくらネンブツをとなえてもうれしく思えない。それほどにボンノウにまみれているのだ。アミダはそのことをご存じなのだ。そんなおれたちのことを『迷い、悩み、苦しんで生きる、ふつうの人びと』とお呼びになった。そして、そんなおれたちをこそ救ってくださろうとお誓いになったのだ。アミダとはなんとすごいお方なのだろう」

「あの方」は、そこまでいうと、ふっと外を見た。ぼくはこぶしを握りしめたまま、「あの方」の話を聞いていた。ぼくの中では、ことばにできない感情があふれ出そうとしていた。

「いますぐジョウドに行きたいなんて思えない。それどころか、少しでもからだの具合が悪くなると、死ぬかもしれないと不安になる。こころの底では、誰だってそういうものなんだ。あさましいよなあ。でも、人間とはそういうものなんだ。それ以外の生き方を知らないんだ。おれたちは、永劫《えいごう》のときを、生まれ変わり死に変わりして、この世界にたどり着いた。それも束の間のことで、また果てしないときの旅へと出かけるのだろうか。その僅かな間、たまたま生まれついた、この苦しみに満ちた世界を離れがたいと思う気持ちが生まれるのはなぜだろう。遥か向こうにあるという、見知らぬジョウドの世界に行きたいと願う気持ちが生まれないのはなぜだろう。ユイエン、それはおれたち人間にはボンノウがあるからだ。生きるとは、ボンノウにとりつかれることなんだ。この世界の苦しみや悩み、それこそがおれたちのふるさとだからだ。どうして、ふるさとを簡単に捨てることができるだろう。どうして、行ったことも見たこともないジョウドを、ふるさとより愛することができるだろう。

だが、やがてこの世界に別れを告げるときが来る。生きる力もこの世との縁も尽き果てたとき、おれたちは名残惜《なごり》しげにこの世界を振り返る。そのとき、ジョウドが遥か向こうからやって来るのだ。

おれたちのような、憐れな人間たち、ジョウドへオウジョウしたいなどと思うこともできず地上にシュウジャクするものをこそ、アミダは深く憐れんでくださるのだ。だからこそ、その大きなみこころにすがりたいと思わないか。だからこそゴクラクオウジョウできると信じられるのではないのか」

「あの方」がただ静かにしゃべることばを、ぼくはただ黙って聞いていたのだ。

「ネンブツをとなえるたびに、こころの中で喜びがあふれるようなら、そしていつも、一刻でも早くジョウドに行きたいと願っているなら、仮にそういうやつがいるとするなら……おれは逆に心配になっちまうよ。そんなボンノウのかけらもない人間がいったいジョウドにオウジョウできるものなのかってね」

「あの方」は最後にこうおっしゃって、口を閉じられた。その口もとには微笑《ほほえ》みが浮かんでいるような気がしたけれど、それはぼくの見まちがいだったのだろうか。

その十　もしくは、ぼく自身のための序文

「ユイエン。これはほんとうに大切なことだから、はっきりといっておく。ネンブツというものは『わかる』必要などないのだ。というのも、ネンブツは、論じることも説明することもできない。それどころか、想像することだってできない、そういうものだからだ」

「あの方」はそんなふうに、ぼくにいった。そのときのことは絶対に忘れることができない。それは、いままで書いた「あの方」のたくさんのことばと同じように、ぼくの「耳の底」に鮮やかに残って消えることはない。

なぜ、そんなことをわざわざぼくにいったのだろう。ぼくはずっとそのことを考えた。考えつづけた。でも、わからなかったのだ。

「あの方」がまだ生きていた頃のことだ。たくさんの人たちが、「あの方」のおしえを知りたくて、遥かカントウからキョウトへやって来た。ぼくもその中のひとりだった。なにかを信じることの熱さがあの場所にはあった。

やがて、「あの方」のところに来た人たちは「あの方」のおしえを広めた。たくさんの人たちがそれに従った。さらにときが過ぎた。だが、その結果はどうだったろう。「あの方」のおしえとはずいぶん異なったものが、「あの方」のおしえとして伝わっているのだ。それを正さなきゃならない。「あの方」のことばを歪《ゆが》めるものたちから、「あの方」のことばを守らなきゃならない。

ぼくがこんなにも長生きしたのは、そのためだったのだ。「あの方」がぼくに向かって話されたのは、そのことを知ってほしかったからじゃないだろうか。そんな日が来ることを予感していたからではないだろうか。自分のことばをきちんと伝える誰かが必要だということを、「あの方」は知っていたのだ。だから、ぼくに向かって話すとき、「あの方」はいつもぼくの目を真っ直ぐ見つめていた。あれは、ぼくの目を見ていたんじゃない。ぼくの向こうに、ぼくを通して、たくさんの、「あの方」のことばを待っている人たちを見ていたのだ。

だから、ぼくはこの本を書いた。「あの方」の考えを歪めることなく伝えるために。「あの方」のことばを真っ直ぐあなたたちに手渡すために。

その十一　アミダのお誓いの不思議な力

読み書きできない人が、それでも習い覚えたネンブツを一生懸命にとなえているところへやって来て、その耳もとでわざわざこんなことをいう連中がいる。

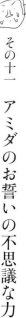

「熱心なことだねえ、あんた。そのネンブツは、あらゆる人びとを救いたいというアミダのあのお誓いを信じてとなえているのかな。それとも、ナムアミダブツということばの力を信じてとなえているのかな。どっちなんだい？」

なんて連中だ。からかっているのだ。困らせようとしているのだ。生きることに精一杯で、読み書きを学ぶ余裕などなかったふつうの人たちが、ただもう救われたいという一心で必死にネンブツをとなえている姿が、こっけいだというのだ。そんな難しいことを訊《たず》ねても、読み書きもできない人たちにはわからないのを知っているのだ。彼らが困っているのを見て楽しんでいるのだ。いや、そうやってバカにしている当人たちだってよくわかってはいないのだ。

だから、はっきりいわなければならない。ネンブツとはなにかということを。

「あの方」ならきっとこういったはずだ。


「アミダは、あらゆる人びとを救いたい、ジョウドへオウジョウさせたいと誓われた。そのために、誰でもおぼえることができ、簡単にとなえることもできるナムアミダブツという、特別な『ことば』をつくられた。そして、このナムアミダブツという特別な『ことば』をとなえるものはみな救われると約束されたのだ。

だからまずおれたちは、そのアミダの、とてつもないジヒのこころにすべてをゆだね、オウジョウできるはずだと信じなきゃならない。そう信じてネンブツをとなえるのだ。アミダの『ことば』をとなえるのだ。ただそれだけだ。すべてはアミダのおはからいによるのだ。おれたちにはなんの力もないのだ。だからこそ、ほんとうにおれたちは無力だからこそ、アミダが約束してくれたジョウドに行くことができるのだ。

アミダのお誓いの不思議な力を信じきることとさえできれば、ナムアミダブツという『ことば』をとなえることの不思議な力も信じることができるだろう。どちらも、ほんとうのところは同じものなのだから。

ところが、どうしてもそう考えられないものがいる。どこまでも『自分』というものを捨てられないものがいる。

ネンブツをとなえながら『自分の考え』を抱いてしまうのだ。実は善いことをするのがジョウドへの近道ではないか、悪いことをするとジョウドへ行けなくなってしまうのではないのかと。そういう人間は、アミダのお誓いの不思議な力によってではなく、自分の力でジョウドに行こうと考えるのと同じなのだ。彼らは、アミダにおすがりするネンブツではなく、『自分の』ネンブツをとなえているだけなのだ。もちろん、そんなものはネンブツでもなんでもない。

では、そういう人間はどうなるのか。オウジョウできずにジゴクへ落ちる？　そうではない。それこそがアミダの不思議なお力なのだ。そういう人間はジョウドという広大な世界のかたすみに生まれ変わる。そして、いつか『ジリキ』の呪縛《じゅばく》から離れ、すべてをおまかせしようという『タリキ』のネンブツに目覚めるだろう。なぜなら、アミダはそのこともお誓いになっているからだ。アミダは、自分から離れさまよってゆく魂をも救ってくださるのだ。そのすべてを、おれたちはアミダのお誓いの不思議な力と呼んでいるのだ」

その十二　信じてもいいし信じなくてもかまわない

たくさんの経典やそれらについて論じた本、そういったものをきちんと読んで勉強しないと、ジョウドにオウジョウできないかもしれない。そんなことをいう連中がいる。

そんなばかなことがあるものか。

どの経典にも、すべてをおまかせするのだ、そこに真実があるのだと書かれている。そして、アミダのお誓いを信じてネンブツをとなえれば、ジョウドにオウジョウできるとも書かれている。それだけわかれば、他になにが必要だというのだ。

確かに、そのもっとも大切な真理がどうしてもわからないという人だっているだろう。そういう人は、学ぶことによってアミダのお誓いを理解すればいい。「あの方」だって、そのことまでは否定しないだろう。

けれど、いくら経典やその注釈書を読んでも、けっきょくそのおしえの意味がわからないとなると、手のほどこしようがない。その人はアミダのおしえとは縁がなかったのだ。

「あの方」は、繰り返し何度もぼくにいった。

「文字などまるで読めない人たちがいる。だから、彼らは経典に書かれていることなんてわからないし、知らないのだ。そんな彼らのために、誰でも簡単にとなえることができるナムアミダブツというネンブツがつくられたのだ。それは、ジョウドにオウジョウするための『やさしいやり方』なんだ。だからこそすばらしいのだ。

難しい経典を読むことを信心の中心だと考える人たちもいる。『聖道（ショウドウ）』の人たちだ。そのためには、そもそも字を読むことができなきゃならないし、覚えなくちゃいけない約束事もたくさんある。知識もたくさん必要だ。それらをすべてこなすのはとても難しい。ふつうの人たちにはね」


でも、いくら学問をしても、内心、そのことで有名になりたいとか金もうけをしたいとか思っているようでは、とてもジョウドにオウジョウできるとは思えない。これはぼくの意見じゃない。「あの方」が書き残していることだ。

「ネンブツ」派の人たちと反「ネンブツ」派の人たちがお互いに非難しあっているのは、悲しいことだ。いや、みっともないことだ。

「おれたちは正しい、おまえたちはまちがってる」なんてことばをお互いに投げあっているから、不倶戴天《ふぐたいてん》の敵同士になってしまう。そんな醜態をさらして、自分たちの「おしえ」を傷つけてしまっているというのに、そのことにすら気づいていないのだ。

他の宗派の人たちがこういってきたらどうするのだ。

「ネンブツなんてくだらない。そんなことをやっているのは、なにも知らない無知で浅はかな連中ばかりだ。なんて低級なんだろう」

反論する？　そんな必要はない、いわせておけばいいのだ。「あの方」ならきっとこういったはずだ。

「はい、そうです。そうでしょうとも。わたしたちは、なんのとりえもない無知な人間です。文字を知らないのです。だから、ありがたいホトケのおことばが書いてある経典だって読めません。でも救われたいのです。ずっとそう願っ

ておりました。そうしたら、そんなわたしたちでもアミダは救ってくださると
いうではありませんか。ありがたい。うれしい。わたしたちはそう信じていま
す。みなさんは、わたしたちとは比べものにならないえらい方々、なんでもご
存じの方たちだ。そんなあなたたちにとっては、ネンブツなどくだらないもの
なのかもしれません。それでもいいのです。いえ、それでいいのです。あなた
たちにはくだらなくても、わたしたちにはすばらしいおしえなんです。あなた
たちのおしえもきっとすばらしいのでしょう。すいません。ごめんなさい。わ
からないのです。できないのです。あなたたちがやってることもいってること
もむずかしくって。でも、でも、ひとことといわせてください。ホトケのおしえ
は、そもそもわたしたちみんなを、生きることと死んでゆくことの苦しみから救
うためにあるのですよね。だったら、いまのままでいいのです。ネンブツをと
なえると救われるのです。そんな気持ちになるのです。それで幸せなのです。
だから、わたしたちを放っておいてください。お願いします」

これなら、きっと、相手もイヤな顔をしないだろう。ぼくがこう断言できるのは、実は「あの方」の師が書き残したものがあるからだ。論争をすれば、どちらの側の人間も憎しみや怒りにとらわれる。それは仕方のないことなのだ。だから、そんなことにならないように、そんな場所から離れなければならないのだ。「あの方」は、はっきりとそういっていたのだ。こんなふうに。


「シャカはこうおっしゃった。

『おしえを信じるものもいるし、信じないものもいる。それでいいのだ』と。

だから、おれは信じた。わざわざおれのところにやって来て、『そんなおしえなんか信じられるものか』とそしるものもいた。シャカのおっしゃるとおりだと思った。信じないものはいるのだ。それだけのことだ。シャカのおっしゃるとおりなら、ジョウドへオウジョウできるのはまちがいないのだ。そう思った。

なにかのまちがいで、おれたちのおしえをそしるものなどひとりもいなかったら、そのときこそ心配した方がいいのだ。どうして信じるものばかりで、そしるものがいないのだろうと。いや、そしるもの、疑うもの、信じないものがいればいい、と思っているわけじゃない。どんな信心やおしえにも、信じるものと疑うものがいる。シャカはとっくにそのことをおしえてくださっている。そういいたいだけなんだ」

どうだろうか。わかってもらえただろうか。「あの方」が考えていたことを。

「あの方」は、こう考えていたのだと思う。

「いまの世の中の人びとはこうだ。学問をする。なんのために。人から批判されないために。いざとなったら相手を論破するために。それではダメだ。学問をする。深く学ぶ。それはけっこうなことだ。学べば学ぶほど、よりいっそうアミダのまことのこころがわかるはずだ。お誓いをたてられたその願いがどれほど大きなものかわかるはずだ。そうすれば、『わたしのような価値のない人間は、ゴクラクにオウジョウすることなんかできない』と絶望している人びとに『そんなことは絶対にない。アミダは約束されたのだよ。どんな人も救おうと。善人だろうが悪人だろうが、どんなすさんだ生活をしていようが、そんなことはなんの関係もない。心配することはないのだよ』といってあげることができるはずだ。それでこそ、学問をした意味があるというものだ。

だというのに、まるで逆のことをするものがいる。

ただもう救われたいというい っしんで、ネンブツをとなえているものをつかまえて、『ただつぶやいているだけではダメだ。そのことばにどんな意味があるのか勉強しないとな。それではジョウドに行けそうにないぞ』などとおどすようなことをいうのだ。

ひどい。絶対に許せない。そんなやつらはホトケの敵だ。すべてをアミダにおまかせするという気持ちなどなく、その自分のまちがいにも気づいていない。善良な人びとを惑わせて喜んでいるのだ」

わかってもらえただろうか。やってはいけないことがあることを。それは、「あの方」のおしえにもそむき、もちろん、アミダのお誓いにもそむいていることなのだ。

その十三　「人を千人殺してみろ」と「あの方」はいった

　これから書くことはとても大切なことだ。ほんとうに大切なことだとぼくは思っている。うまく書けるかどうか、ぼくにもわからない。でも、ぼくは書かなきゃならない。

　これまでも書いてきたように、それから、「あの方」のおしえを少しでも知っているものならわかるように、アミダはどんな悪人でも救ってくださる。底知れぬほど深いジヒのこころがあるからだ。

　ぼくには信じられないのだけれど、そんなアミダの誓いを自分に都合のいいように解釈して、最後にはどうせアミダが救ってくれるのだからと、悪行にふけるものがいる。「本願（ホンガン）ぼこり」というのだそうだ。それはとんでもない考えちがいだ。アミダの誓いをまるでわかっていないのだ。

「あの方」はそのことをいつも考えていた。そして、よくぼくに話してくれた。

「ユイエン」と「あの方」はいった。

「人はなぜ、悪いことをしてしまうのかわかるかい？」

「……そうですね。悪いことをしようとするこころがあるからだと思います」

「では、人はなぜ善いことをしてしまうのかわかるかい？」

「……ですから、善いことをしようとするこころがあるから……」

「ちがうよ」

「あの方」はそういった。微笑みながら。

「まるでわかっていないな、おまえは。悪いことも善いことも、やろうと思うこころがあってやるわけじゃない。おまえがやることはみんな、ほんとうのところ、おまえの意志でやっているのではなく、おまえの過去のすべて、前世からの宿縁が作り出したものだ。うさぎや羊の毛の先っちょについているちりほどの罪だって、みんなそうなんだよ」

ぼくは曖昧《あいまい》に返事をした。「あの方」のいったことの意味がよくわからなかった。それがわかったのは、もう少しあとのことだった。そう、「あの日」のことだった。

なんの前触れもなかった。ぼくはいつものように「あの方」のお世話をしていた。

「ユイエン」と「あの方」がいった。

「はい。なんでございましょう」とぼくは答えた。

「おまえはおれのことばを信じられるか」

「もちろん、信じています」

「では、おれのいうとおりにするか。それがどんなことであっても」

ぼくは緊張した。「あの方」は、なにか特別なことをぼくにいおうとしていた。ほんとうに特別で大切なことを。ぼくにはそれがわかった。そして、それがおそろしかった。

「どんなことでもいうとおりにします」

すると、「あの方」はためらいもなくこういった。

「では、人を千人殺してみろ。いますぐにだ。そうすれば、おまえは必ずジョウドに生まれ変わる。オウジョウできるのだ」

ぼくはすぐには答えられなかった。「あの方」のことばに答えることができるなにかが、ぼくの中にはなかったから。だが、それでもなにかをいわねばならなかった。「あの方」があの澄んだ眼差しでぼくを見つめていたから。

「できません。できません。ぼくにはとてもできません。千人どころかたったひとりも殺すことなどできません」

「では、なぜ、おれのいうことならなんでも聞くといったのだ？」

ぼくはうなだれていた。いま「あの方」のいうことならなんでも聞くといったばかりなのに、舌の根の乾かぬうちに「それはできない」と答えたからだ。すると、「あの方」がいった。なぜか優しい声だった。

「ユイエン。これでおまえにもわかったろう。なんでも思いのとおりにできるのなら、もし人を殺してジョウドへ行けると知ったら、そいつは千人だって殺すかもしれない。でも、そんなことはできやしないのだ。だが、それはおまえが『善い』こころを持っているからじゃない。ただ『縁』がなかったからだ。誰かを殺すための、ちいさなきっかけがなかっただけなんだ。だから、逆に」

「あの方」の声が少し暗くなったような気がした。

「殺すまい、とどんなにこころに決めていても、百人千人と殺すことになってしまうことだってあるのだ。考えてみると、それはとてもおそろしいことだね、ユイエン。こころが真っ直ぐで『善い』ものなら大丈夫と安心し、こころがねじくれて『悪い』ものなら、それはダメだと思いこむ。そうじゃないのだ。そのことを繰り返し、アミダはいわれたのだ。アミダにとって、善人と悪人の間にはなんのちがいもなく、だから同じようにお救いになろうとしたんだよ」

あのとき、「あの方」がいったことば。それをいったときの表情。その声のひびき。そのすべてをぼくはよく覚えている。ぼくの魂は、まるで暴風の中にいるように激しく揺さぶられていた。

「あの方」がぼくに、「人を殺すこと」について話してくれた、そのずっとあとのことだったろうか。おかしなことをいう人が現れた。その人がいうには、アミダは悪をなすものを救ってくださる、だとするなら、ジョウドに早く行くためには、わざと悪いことをするのがいちばんだと、そういうのだ。それを聞いた「あの方」は、さっそく手紙を書き、「よく効くくすりがあるのだから毒を飲んでも平気だ、だから試してみようなどというアホはいない」と諭されたのだ。

極端なことをいう人はいつでもいる。みんな、「あの方」の話をきちんと聞こうとしないのだ。ただことばの上っ面だけを聞いて、わかった気になる。そして、ちっぽけな自分のこころが満足できるような結論を出すのだ。

だから、「あの方」は忍耐強く繰り返しいったのだ。

「しょせん人間がおかす程度の悪などが、ジョウドに行くさまたげになることはないのだ。星の数ほどもある戒律をすべて守らなければオウジョウできないというわけではない。そんなことは、もともとどうでもいいのだ。おれたちはみんなボンノウにまみれたあさましい身の上ではないか。それでも、アミダのお力にすがることができる。そう、アミダにならば甘えてもいいのだ。だからといって、わざわざ悪行にふける必要もない。そもそも、おれたちは身の丈にあったことしかできないのだから」

それから、「あの方」はこんなこともいっていた。いま考えるなら、どれも深い繋がりのあることだったんだ。

「海や河に網をひき魚をとって暮らす人も、野や山でけものを狩り鳥を捕まえて暮らす人も、商売をして生きてゆく人も、田畑をたがやして生きてゆく人も、みんな同じなのだ。どんな人間もみんな、ちっぽけな自分の意志とは無関係に、なにか因縁があれば、生まれ持った目に見えない業（ゴウ）のせいで、どんなことでもしてしまうものなのだ」

「あの方」が、あれほどはっきりいったのに、実際はどうだ。いま周りを見ても、まったく逆のことがふつうに行われているではないか。

いかにもジョウドのことしかこころにありませんといったふうによそおいな

がら、実際には、善人でなければネンブツをしてはならないというものがいる。あるいは、道場に「これこれこういうことをしたものは入るべからず」などと書いた貼り紙をするものがいる。みんな善人ぶっているが、それは上っ面だけのことだ。中身は空っぽなのだ。それは偽善（ギゼン）という罪なのだ。

そんなふうに、アミダのお誓いに甘えた結果生まれた罪も、実は過去の行いがもとになってやって来たものなのだ。すべては宿縁のせいなのだ。善い結果も悪い結果も、すべては過去の縁のせいだとするなら、それを黙って受け入れ、ただアミダの力におまかせする。そうやって生きてゆくのだ。それを、「あの方」は「タリキ」と呼んだのだ。

「あの方」の同志、聖覚（セイカク）上人《しょうにん》の『唯信鈔（ユイシンショウ）』には、こう書いてある。

「アミダの力がどれほど大きなものなのか知らないのか。知っているなら、罪深い我が身は救われないなどと思うはずがないではないか」

そうだ。信じなければならないのだ。ぼくたちは無力だ。無力だからこそ、アミダはその大きな力によって守ってくださるのだ。それが「タリキ」のほんとうの意味なのだ。

確かに、ぼくたちが過去の世界からひきずってきた罪やボンノウを、自分の力で消しさることができたなら、アミダに救いを求める必要なんかないだろう。なぜなら、そのときその人はもうホトケなのだから。

そんな人間にとっては、人びとを救うためにアミダが行われたすべて、想像を絶する苦行も、人間というものに対するあまりにも深いジヒも、みんな意味などなくなってしまうのだ。でも、それはほんとうにぼくたちが願った世界なのだろうか。ぼくたちが行き着くべき場所なのだろうか。それが、ぼくたちがたどり着く人間の完成形だというのだろうか。

そんなはずがない。「あの方」はそういったのだ。

「どんな悪行にまみれようとアミダが救ってくださるのだからなにをしてもかまわないという『ホンガンぼこり』を批判するものがいることはもういった。『ホンガンぼこり』の連中は、アミダに頼り甘えすぎだと、そういう人びとはいう。確かにそうかもしれない。だが、批判する人びとだって、ボンノウにまみれ罪深いということではまるで同じだ。自分のことはさておき、批判ばかりするのなら、同じ穴の狢《むじな》ではないか。おれたちはみんな、まるで自分がなにをしているのかも知らずに地上を這い回る虫のようだ。だからこそ救われるのだ」

「あの方」は、そういったのだ。

その十四　みんなを救う、ひとりも捨てない

一回だけ、ただ一回だけネンブツをとなえれば、それで救われる。それまでに犯したどんな重い罪も、きれいさっぱり消えてしまう。そういう説があることをぼくは知っている。あなたたちも知っているかもしれない。でも、ほんとうにそうなんだろうか。

この世の中には「十悪」という罪がある。人を殺すとか、盗むとか、ウソをつくといった十の罪だ。それから「五逆」というもっと大きな罪がある。親殺しとかサトリを開いた聖者を殺すことといった五つの大きな罪だ。そんな「十悪」や「五逆」を犯した人間が、死ぬ寸前になって、「エライ僧侶」の「お導き」でネンブツをとなえることができたとしよう。するとたちまちすべての罪が消え失せてしまうというのだ。一回ネンブツをとなえさえすれば、ほんとうは無限に近い時間をかけて償わねばならないような重たい罪でも消え、さらに十回となえると、さっきの十倍もの重たい罪だって消え失せて、ゴクラクジョウドへ行けるというのだ。

なんだかヘンだ。そんな気がする。どこがおかしいかって？　重い重い罪もネンブツ一回で消える。その十倍重い罪は、ネンブツ十回で消える。それでは、ネンブツというのは計算できるなにかなんだろうか。信心とか宗教とか祈りとは、足したり引いたり割ったり掛けたりできるなにかなんだろうか。

ぼくたちが信じているのは、そんなものじゃない。

ぼくたちが信じているのはアミダの「光」だ。抽象的ないいかたをするなら、アミダから放たれるまばゆい「光」に包まれるとき、ぼくたちのこころの中に、かたくかたく信じられるなにかが生まれるのだ。そして、その瞬間にはもう、ぼくたちはジョウドにオウジョウすることが約束されているのだ。

ぼくたちの命が尽き果てるとき、それまでぼくたちを苦しめたボンノウや悪徳のすべてが、それ故にこそ、ぼくたちをジョウドに送り届けてくれるものに変わるのだ。そして最後に、世界の秘密を理解するときがやって来るのだ。

だから、ボンノウにまみれたぼくたちを救いたいという、アミダのそのむげんのジヒのおこころがなかったとしたら、どうしてこんなにもあさましいぼくたちが、生と死にはさまれた苦しい時間から逃れることができるだろうか。やすらかな気持ちになれるだろうか。

だとするなら、ぼくたちは、ネンブツをとなえるときには、どんなときでもいつもずっと、そんなアミダのおこころへの深い感謝の気持ちを忘れてはならないのだ。

これをとなえれば罪が消える、そんなことを思ってネンブツをとなえるのは、

「ジリキ」でジョウドに行けると思いこんでいる人だ。

ぼくたちは、生まれてからずっと、迷い悩み苦しみつづけるものなのだから、ジョウドに行くためには、命尽きるまでネンブツをとなえつづけ、次から次に生まれてくる罪を一つ一つ消していかねばならない。

ところが、現実にはそうはいかないのだ。というのも、前世からの宿縁というものがあって、ぼくたちはそこから逃れることができないからだ。突然、まったく予想もしなかったときに、病気になったり、耐えられないほどの痛みや苦しみに襲われたとしたら、きっとぼくたちは混乱するだろう。そしてそのまま、とてもまともな気持ちでネンブツをとなえることなどできないまま、死んでゆくだろう。

そのとき、ぼくたちは罪を消すことができるのだろうか？　いや、罪を消すことのできるネンブツをとなえることなどできるのだろうか？　ネンブツをとなえられないとしたら、ぼくたちはジョウドに行くことなんかできないのだろうか？

やはり、ネンブツ一回で罪が消えるなどという考えはおかしい。どう考えてもヘンだ。そこには救いなどなにもないじゃないか。

「みんなを救う、ひとりも捨てない」

これがアミダのお誓いになったことだ。アミダのおっしゃったことばだ。

「みんなを救う、ひとりも捨てない」

これだけでいいのだ。このお誓いだけを信じたいのだ。このことばについてゆくのだ。このことばにすべてをおまかせするのだ。そうすれば、それだけすれば、どんなに罪をおかしても、いやネンブツをとなえることなく死んでしまうようなことになっても、ぼくたちはジョウドに行くことができるのだ。

最後の最後になって、口からネンブツがあふれ出すのは、まさに終わりが近づいてくるからだ。もうすぐそこに、死が近づいてくることがわかって、だからぼくたちはただアミダにおすがりするのだ、必ずぼくたちをジョウドに連れていってくださるというアミダのお誓いがただありがたくて、ネンブツがあふれ出すのだ。

罪を消すためにネンブツをとなえようとするのは「ジリキ」の人たちのやることだ。そういう人たちは、最後には静かなこころになって、死を迎え入れ、ジョウドに行く準備をしようとする。最後だからといって特別なことをしようとする。まるでジョウドへ行く特別な儀式があるみたいだ。そんなことをする必要などないのだ。そのはるか以前からずっと、ぼくたちはすべてをアミダにおまかせしていたのだから。

その十五　アミダの「ホンガン」という「船」に乗り、ぼくらの「苦海」を渡り、いつかジョウドの岸辺にたどり着く

ぼくたちは、かぞえきれないほど多くの苦しみや悩みを抱えて生きている。

そんなぼくたちでも、修行をすることによって「ジリキ」でサトリをひらけるのだ。そう考える人たちがいる。ほんとうにそうなのだろうか。ぼくは疑っている。いや、そんなことは不可能だと思っている。

みなさんは、「即身成仏（ソクシンジョウブツ）」ということばを知っているだろうか。それは、空海（クウカイ）という、エラいお坊さんがつくった「真言密教（シンゴンミッキョウ）」という宗派の中心にある考えだ。その考えによると、ぼくたちは、この生きているからだのままでホトケになれるらしい。そのためには、「三密の行」というものすごく厳しい修行をしなきゃならない。手で印をむすび、口で「真言（シンゴン）」という究極のことばをとなえ、こころに御本尊の大日如来（ダイニチニョライ）の姿を思い描く。すると、その人は生きたままホトケになれるというのだ。

「六根清浄（ロッコンショウジョウ）」ということばも聞いたことがあるだろう。これを広めているのは最澄（サイチョウ）という、やはりエラいお坊さんが始めた「天台（テンダイ）宗」だ。

眼・耳・鼻・舌・身・こころの六つの大切なものを清くすること、それが「ロッコンショウジョウ」の意味だ。それは『法華経（ホケキョウ）』という仏典に書いてある。そのためには、「四安楽（シアンラク）の行」という、これもたいへんな修行をしなきゃならない。からだもこころもことばもまちがいをおかさないようにした上で、世の中の人びとに役立つことをする。そういう誓いをたてるという修行だ。たいへんだよね。「ソクシンジョウブツ」も「ロッコンショウジョウ」も。

どちらも、もともと賢くて、徳の高い人が全身全霊をかたむけてようやく得られるようなサトリなんだ。

でも、ぼくたち「タリキ」のジョウド宗はちがう。この世ではなく、ジョウドにたどり着いたときサトリを得ることができるのだ。そのためには、この世ではただネンブツをとなえようと思うだけでいい。なにもかもアミダにおまかせしよう。その気持ちがあればいい。それだけでいいのだ。

こんなに簡単なことはない。むずかしい修行をする必要もないし、特別の徳や才能も必要ない。誰でもできるし、資格なんかいらない。善人も悪人も同じようにできるし、同じように救われるのだ。ぼくたち人間は、生きているかぎり、ボンノウから逃れることも悪の誘いをはねのけることもむずかしい。いや、そんなことはできやしないのだ。だからこそ、「ソクシンジョウブツ」や「ロッコンショウジョウ」を口先ではとなえながら、じっさいには、シンゴンやテンダイのエラいお坊さんだって「来生でのオウジョウ」を祈っているのだ。だとするなら、戒律をまもってきびしい修行をすることも、仏典に書いてあるような難しい理屈を理解することもできない、そんなぼくたちはこの世でサトリを得ることなんかできやしないだろう。

ぼくたちにできるのは、ただアミダのホンガンという「船」に乗って、生まれ死んでゆく苦しみ多いぼくらの生を、つまりぼくらの「苦海」を渡り、いつかジョウドの岸辺にたどり着くことだけだ。

そのとき、ぼくらをおおっていた、苦しみと悩みが産み出すボンノウという黒い雲もはれて、月のようにまばゆい光が、世界をすみずみまで照らし出すだろう。それはついに見つけ出された世界の真実なのだ。そのあふれる光の中で、ぼくたち自身も光になって世界にとけてゆき、まばゆく光り輝く自分を見つけるだろう。そのときにはもうぼくたちは救われている。そして、世界のすべての人びとが苦しみから救われる道がそこにあることに気づくだろう。それをぼくたちはほんとうのサトリと呼ぶのだ。

この世で生きたまま、現《うつ》し身のままだってサトリをひらくことができるのだ、とおっしゃる人に、ぼくは逆に訊ねたい。

あなたは、おシャカさまのように、いろいろな姿に変身できるのですか？　おシャカさまが持っているという三十二の大きな特徴や別の八十の特徴を持ち、素晴らしい説法をして、人びとを救いに導くことができるとでもおっしゃるのですか。できるとおっしゃるのなら、あなたはもうすでにおシャカさまそのものなんでしょうね。

「あの方」のつくられた「和讃」、素晴らしいホトケさまたちを讃えた歌の中にこんなものがある。

「深く信じるこころが
すべてをおまかせするのだという気持ちが
固く固くさだまったとき
アミダの光がわれわれすべてをつつみこみ
生と死のあいだでの思い迷いから
救ってくださるのだ」

そうだ。すべてをおまかせするのだ。そうすれば、アミダはかならずぼくたちを救ってくださる。見すてたりなんかしない。絶対に。そのときこそ、ぼくたちは、生まれそして死ぬ、そのことを永劫に繰り返すこの苦しい世界の運命から解きはなたれるのだ。

これほどにも大きなホトケのはからいがあるというのに、それをただ「サトリ」のひとことですませてしまうとは、なんて愚かなことだろう。なにもわかっていやしないのだ。

「あの方」はこうおっしゃっていた。

「師であるホウネンさまは、おれにこういったよ。ジョウドの真のおしえとはこうだ。この世にあるときは、アミダのお誓いを深く信じるのだ。それがすべてだ。そうすれば、やがてジョウドにたどり着き、オウジョウすることができるのだ、と」

その十六　ほんとうの「回心（エシン）」は生涯にただいちど

ジョウドヘオウジョウすることを願って厳しい修行をする人たちの中に、こんなことをいうものがいる。

「なにかにむかついたり、悪いことをしてしまったり、仲間うちでいいあいになったりしたら、そのままにせず、そのたびに、悪かったひどいことをしてしまったと反省し、こころから悔い改めなければならない」

悪から身をそらし、善に向かおうじゃないかということだろう。いっていることはまちがってはいない。そんな気がするだろうか。でもちがう。この考えには、おそろしいまちがいがあるのだ。

ぼくたちも、もちろんこころをあらためる。けれども、なにかが起こるたびじゃない。ぼくたちネンブツを信じるものにとって、こころをあらためること、「回心（エシン）」とは、生涯にただいちどだけ起こる決定的なことなのだ。

アミダのお誓いを、ぼくたちを救ってくださるというそのお誓いを知らなかったものたちが、そのお誓いに触れる。その瞬間、世界が変わるのだ。いまのこの自分のこころのままでは、「ジリキ」をたのむこころではジョウドへ行くことはできないことを知ってしまうのだ。そして、すべてをアミダのジヒに委ねようと思うのだ。それが「エシン」だ。それは一度きり、一度しか起こらない奇跡なのだ。

さっきのものたちのいうように、なにかが起こるそのたびに「エシン」をしなければジョウドへ行けないとするなら、どうなるだろう。ぼくたち人間のいのちははかない。ほんのわずかのあいだに、気がつかぬうちに、つまり「エシン」する猶予もなく、こころおだやかな人間になる前に死んでしまうかもしれない。では、そんな人間はジョウドに行けないというのだろうか。そして、「だれひとり見すてない、あらゆる人びとを救うのだ」というアミダのお誓いはけっきょく無駄になってしまう、とでもいうのだろうか。

そんなものたちは、口ではぼくたちと同じように「すべてをアミダにおまかせします」という。けれども、こころのうちでは、「アミダは悪人をこそ救うとおっしゃっているけれど、ほんとうは、やはり善人をこそ先に救ってくださるのではないか」と思っているのだ。つまり、アミダのお誓いを、アミダをこころの底からは信じていないのだ。とても残念なことだけれど。

そんなものたちは仮に生まれ変わることができたとしても、ジョウドはジョウドでもかたすみの方だろう。それはほんとうにせつないことだ。

ほんとうに信じることができたのなら、アミダのお誓いをこころの底から信じることができたのなら、もうあとはなにもすることはない。アミダがジョウドへ連れていってくださるのだから。もうなにも思い迷うことはない。なんのちからもないぼくたちにはやるべきことはなにもないのだから。

ひどいことをしてしまった。おれは許されぬほどの悪人だ。そう思っても、すべてをアミダにゆだねるこころさえあるのなら、気持ちもやすらぎ、おだやかにすべてを受け入れられるようになるだろう。

たしかにぼくたちは思い迷う。死ぬこと。死んでジョウドに行けるかどうかわからないこと。考えるたびに混乱する。こわくなる。もっとわからなくなる。そんなことは、あさはかな人間の知識で考えても答えなど出るわけがないのだ。

信じなければならない。ぼくたちにできるのはそれだけだ。アミダのお誓いを、アミダがぼくたち人間にかけてくださったとてつもなく大きなジヒを。それだけが信じるに値するのだ。そのとき、ぼくたちの口から、自然（ジネン）にネンブツがあふれ出すのだ。

これは大切なことだから、繰り返しいいたい。

いまぼくは「ジネンに」といった。ジネンにネンブツがあふれ出すと。「ジネン」とは「自分のはからいではなく」という意味だ。「あれやこれやなんでも、自分のちからでなんとかしてみる」というのとは反対の意味だ。「すべてをおまかせする」という意味だ。それは「タリキ」ということの真の意味なのだ。

けれども、「ジネン」とはそういう意味ではないのだという人たちがいる。まったく別のことだと、さも真実を知っているかのように自信たっぷりにいう人たちが。

ただただ残念だ。あの人たちにはなにも理解できないということが。

その十七　ジョウドのかたすみに転生（テンショウ）したって大丈夫

いまからいうことは、とても大切だし、同時に簡単ではないことなので、よく聞いてもらいたい。

人は死んでジョウドに生まれ変わる。その中でも、かたすみの方へ転生（テンショウ）したものは、やがてジゴクに落ちてしまうのだ。そう主張するものたちがいる。それは、とんでもなくあやまった考えだ。どうやら、学者ぶった「専門家」の中にそういうことをいう人がいるらしい。なんて愚かな連中だろう。いったいどの経典や注釈書にそんなことが書いてあるというのだ。書いてあるものの意味さえわからないのだろうか。
「あの方」はよくこういった。

「いいか、ユイエン。おれはこう思うんだ。口先ではネンブツをとなえるが、こころの中ではアミダを信じきることができないやつがいる。そういう連中は、けっきょくジョウドのかたすみの方に行くことになるだろう。けれども、いいか、ユイエン。そういう連中でも、アミダをうたがったそのツミをつぐなえば、ジョウドのまん中に行くことができるんだ。真のサトリを得ることができるんだ。なんとありがたいことだろう。人間というものはみんな、おれもおまえもあさましいものだ。なにかを信じることはほんとうにむずかしいのだ。アミダのお誓い、アミダがおれたちを救ってくれるということすら疑ってしまう。けれども、そんなおれたちだってアミダは救ってくださる。アミダはずっと『待って』くださるのだ。愚かなおれたちがアミダの広大なジヒに気づくときまで。

たいていの者は『ジョウドのかたすみ』に行くことしかできない。それでいいのだ」

そんな「ジョウドのかたすみ」などでは救われない、そこから先は「ジゴク」へ行くしかないなどというのは、アミダをウソつきというようなものなのだ。

その十八　寄進やお布施なんか必要ない

ほんとうに信じられないことだけれど、お寺や僧侶に多額の寄進やお布施をすれば、立派なホトケになることができ、少額の寄進やお布施だと小さなホトケにしかなれないというものがいる。あまりにひどすぎて、このことについては書きたくないぐらいだ。いったいどうしてこんな馬鹿馬鹿しい考えかたができるのか想像もできない。

だいたいホトケに大小のちがいなどあるわけがないじゃないか。確かに、経典を読むと、アミダのおからだの大きさについて具体的なことが書いてある。それは、ただわかりやすくするために、そんな書きかたをしただけだ。

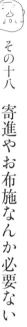

サトリをひらいたホトケとは、そもそも「具体的ななにか」じゃない。それは「永遠の真理」そのものだ。長いとか短いとか四角いとか丸いとか、そんな形などあるわけがない。青いとか黄色いとか赤いとか白いとか黒いとか、色がついているわけでもない。そんなものに大小の区別などあるわけがないのだ。

ネンブツをとなえるとホトケの「仮の姿」をその目で見ることができる。確かにそんなことが書いてある仏典もある。「だったら、大声でネンブツをとなえると大きなホトケが見える、小さな声でネンブツをとなえると小さなホトケが見えるはずだ」といいたいのだろうか。そこから寄付の大小でホトケの大小が決まる、信心の大小さえ決まってしまうという妄説まではあと一歩しかない。

確かに布施と寄進というものは、仏教ではオウジョウしてホトケになるための大切な「行」の一つとされている。

けれども、忘れてはならないことがある。

どんなに素晴らしい宝物をおそなえしても、まことに信心するこころ、アミダにすべてをおまかせするという気持ちがなければ、意味などないのだ。

僅か紙一枚、小銭一枚も寄付できないほど貧しい人たちがいる。そんなものたちでも、なにもかもアミダにおまかせするというこころさえあれば、その気持ちが深いものであれば、それこそアミダのおこころにかなうことだろう。

はっきりいおう。これは「あの方」がとても大切に思っていたことだから。

こんなふうに、寄進やお布施の額のことをアレコレいう連中は、「仏法」をかたって私腹をこやそうとしているだけだ。

信者の弱みにつけこんで、金品を脅し取ろうという連中なのだ。

あとがき　アミダが救うのは「おれ」ひとり

もしかしたら読者のみなさんの胸にはこんな疑問が渦巻いているかもしれない。

ぼくが書いてきたような、まことの教えに反する「異説」はどうして生まれたのだろうかと。そのことについて最後に書いておきたい。それがぼくの役目だと思うから。

「あの方」がこんな話をぼくにしたことがある。

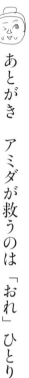

「あれは、師のホウネンさまがまだご存命の頃、おれが善信房（ゼンシンボウ）と名乗っていた頃のことだったよ。おれも含めて、弟子と称するものたちはたくさんいた。けれども、ホウネンさまの信心をほんとうに理解している弟子はほとんどいなかった。少なくともおれはそう思っていた。だから、こんなことが起こったんだ。あるとき、おれはつい正直にこういったんだ。

『わたしの信心とホウネンさまの信心は、同じものなんだと思います』

すると、兄弟弟子の、勢観房（セイカンボウ）や念仏房（ネンブツボウ）といったやつらが猛烈に反発して、こういいやがった。

『あの素晴らしいホウネンさまのご信心とおまえごとき若輩者の信心が同じだって？　そんなバカなことをいうものではない！　つけあがるにもほどがある！』

だからおれはこう答えた。

『落ち着いてください。誤解です。ホウネンさまは、底知れぬお智恵と学識を持っておられます。わたしもそれと同じだと申したなら、とんでもない過ちでありましょう。けれども、アミダのお力でジョウドへオウジョウできる、そのことをかたく信じているという点においては、なにもちがいはありません。ただそう申しているだけです』

おれがそういうと、連中はさらに激昂《げっこう》して、まだそんなことをいうのか許しておけぬなどといいはじめた。これでは埒《らち》が明かないと、ホウネンさまに直接うかがって、おれのいっていることが正しいのかどうか決めてもらうことになったのだ。

ことの委細を聞いたホウネンさまは、すぐにこうおっしゃった。

『簡単なことだ。わたしの〈信心〉はアミダからいただいたものだ。ゼンシンボウの〈信心〉もまたアミダからいただいたものだ。だから、どちらも同じ〈信心〉だよ。いや、そもそも他に〈信心〉というものなどないのだ。ちょうどいい機会だから、いっておこう。それ以外に〈信心〉があると思うものは、わたしが行くジョウドには行けないだろうね』」

わかってもらえただろうか。あの頃、同じようにネンブツをとなえていた、同志といってもいい人たちでさえ、同じように偉大なホウネンさまに仕えていた弟子たちでさえ、「あの方」の「信心」を理解してはいなかった。だとするなら、「あの方」が亡くなられたいまとなっては、同じ「信心」を持っていると思いこんでいる人たちの間でも、誤解や行きちがいはあるはずなのだ。

ごめんなさい。ここまでぼくが書いてきたのは、どれもぐちのようなものばかりだった。けれども、どうしても書かずにはいられなかったのだ。

ぼくはもう枯れ草のように老い果てて、やがて露のようにはかなく消え去ってゆくだろう。それでも生きている間は、共にネンブツの道を歩いてきたものたちからの切実な問いに答えたいと思っている。けれども、ぼくが死んだあとはどうなるのだろう。「あの方」のことば、「あの方」の「おしえ」を、ほんとうに覚えているものがいなくなってしまったあとは。おそろしい誤解や混乱が待っているのではないだろうか。「あの方」の「おしえ」と称した奇怪な説が流布するのではないだろうか。だから、ぼくは智恵も学識もないけれど、すべてを書き残しておこうと思ったのだ。

そう、このことはいっておきたい。「あの方」の考えや「信心」について、おかしなことをいうものが出てきたら、どうか「あの方」が大切にされていた本にあたってみてくださいと。

けれども、注意しなければならないことがある。本というものは素晴らしいけれどひどく危険でもあるのだ。そこには、ほんとうにそう思ったことを書いたものも、表現という意匠をこらしたものもある。そのまま読めばいいものと、その意味を深く考えて読まなきゃならないものがある。ぼくたちは書かれたものの「真意」をこそ読みとらねばならないのだ。どうか、そこに書かれたことばの中にある真実を読んでください。

だから、この本の中には、「あの方」が大切にされたそんなことばもおさめてある。読んでもらえるなら、ぼくはうれしい。

もうすぐ終わりだ。でも、あと少しだけぼくの話を聞いてもらいたい。いや、あと少し、ぼくが覚えている「あの方」のことばについて書いておきたい。それはいちばん大切なことばなのかもしれないのだから。

「あの方」は、よくこんなことをおっしゃっていた。

「ユイエン。おれがこれから話すことは、ひどく奇妙に思えるかもしれない。

というのも、おれは考えに考えたあげく、ついにこう思うようになったんだ。アミダが永遠に近いほど長く考えられ、そして立てたあのお誓いは、ただおれひとりのためのものだったんじゃないかって。アミダは、こんなにもたくさんの罪にまみれたおれを救ってくださろうとあの誓いをなさった。なんてありがたいことなんだろうって。おれにはそう思えるんだ」

みなさんはどう思われるだろう。なんて不思議なことをいうのだろう。そのとき、ぼくはそう思った。「おれひとりのため」、つまり、誰かひとりの個人のためにアミダがお誓いを立てるなんてことが、あるだろうかって。けれど、長い間ずっと考えて、ようやくわかったことがある。「あの方」のことばとゼンドウダイシがおっしゃった有名なことばは同じ意味だったんだ。ゼンドウダイシはこうおっしゃった。

「わたしは、あらゆる人間がそうであるように、いままさに罪にまみれた生涯をおくっている。いや、永遠につづく輪廻（リンネ）の世界の中で、浮き沈み流れてゆき、そこから逃れることは絶対にできないのだ」

そうだ。ゼンドウダイシも「わたしは」とおっしゃった。「あの方」も「おれひとり」とおっしゃった。罪にまみれているのも、そこから永遠に抜け出すことができない運命なのも「わたし」や「おれ」なのだ。「みんな」ではないのだ。「われわれ」ではないのだ。非情な運命に直面しているとき、その主語は「わたし」や「おれ」でなければならないのだ。「わたし」や「おれ」の罪深さを知ることからしか、なにも始まらないのだ。わざわざ自分の罪深さについて話すことで、ぼくたちが自分たちの罪深さや、それにもかかわらず救ってくださろうというアミダのご恩についても気づかないでいることを、思い出させてくれたのだ。なんてありがたいことなんだろう。

ぼくたちは忘れる。あんなにも深いアミダのご恩ですら。それは、ぼくたち自身の、「ぼく」や「わたし」に突きつけられた問題であるのに、なんだか客観的に、評論家のように「善い」とか「悪い」とかいうのだ。それがぼくたちのあさましさの本質なんだ。

「あの方」はこんなこともいっていた。

「いいか、ユイエン。ほんとうのことをいおうか。おれには、なにが善でなにが悪なのかわからないのだ。もしおれが、世界の原理を知っているアミダなら、なにが善でなにが悪なのかがわかるだろう。だが、おれはアミダではない。ただの人間、ボンノウにまみれて生きてゆくしかない身だ。そう、おれたちはみんな、この無常の世界で苦しみながら生きてゆく。それ以外にはなにも知らない。実は世界には真実なんかないのだ。なにもかもがウソっぱちなんだ。おれたちは、燃えさかる火の中をなにも知らずに進んでゆく愚かものにすぎない。目の前には破滅しか待っていないというのに。なにもかもすべてがいつわりの世界の中を嬉々として。けれども、ユイエン。おれは知っている。ただ一つのことを。真実などなにもない世界にあって、実は一つだけおれたちは真実を知っているのだ。それがネンブツだ。ネンブツだけが真実なのだ。他にはなにも真実などないのだ」

いまもぼくの耳の奥底に残っているのは、「あの方」のこんなことばだ。「あの方」のいうように、ぼくたちが話しているのは、いつわりばかりなのだ。中でも悪質なのは、信心に関することだろう。

「あの方」のいうように、真実はネンブツにしかないというのに、そのネンブツについてぼくたちはみんな、ウソいつわりをいいあっているのだ。ネンブツとはなにか、そこにどんな意味があるのか、正しいネンブツとは……そこではいつも論争が渦巻く。そのとき、ぼくたちは、「自分の考えるネンブツ」の正しさを証明するために他の意見を無理矢理抑えこもうとするのだ。論破されそうになると、議論を打ち切ったりするのだ。それだけならまだいい。ひどいのは、自分のそのあやうい正しさをいいつのるために、「あの方」のことばを捏《ねっ》造《ぞう》したりすることだ。あさましい。ひどい。ぼくは、やりきれない思いでいっぱいになる。

ようやく、終わりの頁近くにたどり着いた。書くべきことはみんな書いたような気がする。もちろん、ここに書いてきたのは「ぼくのことば」ではない。そもそも、ぼくは経典を深く理解することなんかできないし、それにつけられたたくさんの注釈に細かく目を通してきたわけでもない。だから、ぼくの「信心」に関する理解は浅いままだ。まちがいだって多いだろう。そんなことはわかっている。でもぼくはどうしても最後に一つだけはいっておきたい。

ぼくがやりたかったのは、遥か昔に亡くなられた「あの方」、懐かしい「あの方」の話されたことばを、僅か百分の一でもほんのかたことでも、この世に残すことだった。そのために、ぼくは懸命に思い返し、ぼくの耳底に残った「あの方」のことばを書いた。それがすべてだ。

悲しいことだとぼくは思う。ネンブツをとなえるという最高の恵みをいただいたのに、真のジョウドへオウジョウすることができないなんて。ジョウドのかたすみにしか行くことができないなんて。それもこれも、まちがった信心がはびこるせいなのだ。

だから、ぼくは、ネンブツをとなえる、ネンブツを信じる人たちが、「あの方」のことばをまちがって受けとることがないように願いながらこの本を書くことにした。

だから、この本のタイトルは『歎異抄（タンニショウ）』にしようと思う。

ぼくの思いは、そのタイトルに刻みつけた。「あの方」のことばが異なって受けとられていることを歎《なげ》くことば、「あの方」の真意ではない異義・異論がばっこすることを歎くことば、という意味だ。

だから、『歎異抄』とは「失われた教えを求めて」という意味だとも思ってもらえるならうれしい。これは、あるものたちにとっては劇薬のようなものだろう。だから、信心を同じくするものたち以外には見せないでほしい。これがぼくからの最後のお願いだ。

あとがきのあとがき

後鳥羽（ゴトバ）院の時代のことだった。

法然（ホウネン）上人が「他力本願（タリキホンガン）」と「念仏（ネンブツ）」を二つの柱とする宗派を起こし、世にひろめた。それが「浄土（ジョウド）宗」だった。

あるとき、興福寺（コウフクジ）の僧侶たちが朝廷に訴えた。ホウネン上人の弟子の中に悪逆非道な連中がいると告発し、彼らに無実の罪をかぶせようとしたのだ。その結果、無実の罪で罰せられることになったのは次の人びとだった。

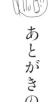

まず、ホウネン上人と弟子七人が遠国へ流刑となった。
それ以外の弟子四人は死刑になった。

ホウネン上人の流刑地は土佐（トサ）の国幡多（ハタ）。「藤井元彦（フジイモトヒコ）」という罪人としての名前をつけられた。そのとき、上人は七十六歳だった。

「あの方」の流刑地は越後（エチゴ）の国。上人と同じく、「藤井善信（フジイヨシザネ）」という罪人としての名前をつけられた。そのとき、「あの方」は三十五歳だった。

それ以外の弟子の方々の処遇は以下の通りだった。

浄聞房（ジョウモンボウ）は備後（ビンゴ）の国へ、澄西禅光房（チョウサイゼンコウボウ）は伯耆（ホウキ）の国へ、好覚房（コウカクボウ）は伊豆（イズ）の国へ、行空法本房（ギョウクウホウホンボウ）は佐渡（サド）の国へと、それぞれはるか遠くの地へ流刑となった。
ただし、幸西成覚房（コウサイジョウカクボウ）と善恵房（ゼンエボウ）のふたりも流刑と決まったが、無動寺（ムドウジ）の善題（ゼンダイ）大僧正が責任をもって身柄をあずかった。流刑となったのは以上の八人だった。

死刑に処せられたのは、順番に次の通りだった。
一番　西意善綽房（サイイゼンシャクボウ）
二番　性願房（ショウガンボウ）
三番　住蓮房（ジュウレンボウ）
四番　安楽房（アンラクボウ）
これらの罪を決定したのは、高位の官職である二位法印（ニイノホウイン）の尊長（ソンチョウ）だった。

「あの方」は流刑と決まったとき、僧籍を奪われた。僧侶ではなくなったのだ。そして、「フジイヨシザネ」という俗名を与えられた。

それはどんな「身分」だろうか。社会が与えてくれる形式としての僧侶の身分は失った。けれども、宗教者として生きることに変わりはなかった。だから、「あの方」は「非僧非俗」の身を生きることになった。

「あの方」は、新たに「禿《とく》」という字を自分の姓にしたいと朝廷に申し出て、認められた。その「願い状」はいまも役所のどこかに残っているそうだ。

「あの方」が、自分の名前を「愚禿親鸞（グトクシンラン）」と書かれるようになったのには、このような由来がある。

後に蓮如（レンニョ）によって書き加えられた注意書き

これは、わたしたちの宗派にとってもっとも大切なもの、聖なる本だ。だからこそ、ほんとうにホトケの教えを求めようとするもの以外には安易に見せてはならない。

本願寺最高責任者・釈蓮如（シャクレンニョ）ここに記す

宗教ってなんだ
（『歎異抄（タンニショウ）』を「翻訳」しながら考えたこと）

――高橋源一郎

あと少し読んでください。ここからは、ユイエンではなくぼくが書きます。でも、なんだか「ユイエン」と同じような文体になりそうだけれど仕方がないですね。だって、ずっと「ユイエン」になっていたから、彼の文章が乗り移っているような気がするんです。

『歎異抄』を読むようになったのは、ずいぶん前のことだった。読み始めるようになった理由は、特にない。なんとなくだ。有名な本だからという理由はあったかもしれない。宗教の本はあまり読むことはなかったけれど、『歎異抄』は別だからとよくいわれていた。

それは半世紀も前のことで、その頃、ぼくも含めて若者たちの多くは、政治や社会に深い関心を抱いていた。それと同時に文学や芸術にも関心を抱いた。雑多なさまざまなものを吸収するのがふつうだった。『歎異抄』はその中の「読んでみるべきアイテム」の一つにすぎなかった。大切だけれど、大切なものは他にもたくさんあったのだ。

もちろん、宗教に関する本を読むことは珍しかった。けれども『福音書』をはじめ『聖書』にはたくさんのドラマがあったし、どこかに訴えるものがあるような気がした。「実存主義」という、その頃にはもうあまりはやってはいなかった哲学の流派の中には、宗教に新しい意味を与えようという動きもあった。

「実存主義」の先駆者にキルケゴールという哲学者がいて、その人はキリスト教を深く「哲学的」に解釈しているらしかった。だから、その哲学者の本を読んで頭を悩ませたりもしていた。

要するに、ぼくたちはいろんなものに頭を悩ませていたのだ。

キリスト教は西洋文化に深く影響を与えていたので、読んでも損はないと思った。けれど、仏教はどこからどう読めばいいのかわからなかった。ただし『歎異抄』とその著者の「シンラン」は別格らしかった。そうなのかなと思った。そして読んだ。

正直にいって、最初に読んだときの感想は覚えていない。たぶんそんなに感心はしなかったと思う。

ぼくはまだ若かったので、もっと直接的に感動するものじゃなきゃダメだった。ランボーとかマルクスとかゴダールとか大江健三郎とか吉本隆明とか谷川雁とかだ。もちろん、他の名前でもかまわない。その頃流行っていた名前というだけのことだ。『歎異抄』や「シンラン」は、このリストには入っていなかった。

それからしばらくして、いろいろなことが落ち着いてから、時代の激しい動きがやんでから、世の中が少しずつ落ちついてみえるようになってから、また『歎異抄』を読んだ。その頃には、わかりやすく直接感動するものにはあまり感動しなくなっていた。もう「若者」ではなくなっていたからなのかもしれない。

おもしろいな、『歎異抄』って。そう思った。

ただし、なにがおもしろいのかはわからなかった。けれども、どんどんおもしろくなっていった。

「シンラン」と『歎異抄』については、最初のところで少し書いた。

「シンラン」が戦争と飢饉の時代の人だったこと。そして「シンラン」がひどい宗教弾圧を受けたこと。等々だ。

ここでは、もう少し別のことを書いてみたい。

「シンラン」は宗教弾圧を受けた。弾圧は宗教にはつきものだ。キリストも宗教弾圧を受けている。それは「国家」にとって都合の悪いことをいう宗教だったからだ。なにしろ、親や現実に存在する「国家」より天上の神、天上の「国」の方が大事だ、というのだから、「国家」としては都合が悪かったのだろう。同時に、他の宗派からの迫害もあった。宗派間にも争いがあるのだと思った。そもそも魂の平安を求めるために宗教はあるはずじゃないのかな。なのに、宗派同士が争うって変だよね。そう思った。そう思ったけれど、そのままにしておいた。

そして「シンラン」だ。「シンラン」とジョウド宗を信じる人たちは、いちばんエライ立場にあった「ホウネン」共々、流刑や死刑になった。ひどい話だ。なによりひどいのは、「シンラン」たちを訴えたのが同じ仏教の僧侶たちだったことだ。なんてひどいことをするのだろうと思った。でも、そうじゃないのかもとも思った。案外ふつうのことなのかもと思った。

キリスト教とイスラム教の間では長い間宗教戦争がつづいた。新教徒と旧教徒の間でも血で血を洗う戦いが繰り広げられた。ぼくたちが学校で習う歴史にもそう書いてある。同じ神さまを信仰している者たちの間で、すさまじい殺し合いが起きたのだ。

「シンラン」たちの場合も同じだった。同じおシャカさまのことばを大切にし、同じ経典を読み同じ信心を持っているはずなのに、その者たちの間で「あいつらを殺しちゃってください」といったのだ。

なぜだろう。いや、そうは思わなかった。その頃には、そういうことはいつも起こってきたのだと知っていたからだ。

近いからこそいっそう憎しみ合うのだ。ほとんど同じだからこそ、僅かなちがいにいらだつのだ。その僅かなちがいを埋めようとしない相手が憎いのだ。理解できないのだ。だから殺意が芽ばえるのだ。

民族対立もそうだ。遥か遠くにいるまったく異なった民族を憎んだりはしない。一緒に暮らしている、すぐ隣に住んでいる別の民族が憎いのだ。同じ空気を吸い、同じところに住み、同じものを見て暮らしている。なのに、なにかがちがう。だからこわい。だからイヤだ。だから排除したい。そうやってたくさんの民族が殺し合ってきた。

そんな遠い世界の話をする必要もないかもしれない。「そんなに意見が異なっているとも思えないのに、激しく憎み合う人びと」なら、インターネットの上に死ぬほどたくさんいる。そんな光景を、ぼくたちはうんざりするほどよく見かける。それは、もう何千年もつづいている光景だ。もしかしたら、人間が人間である限り、終わることのないものなのかもしれない。人間ってつくづくバカなんだと思う。もちろんぼく自身をも含めて。

この「近親憎悪」……と書いて、なんだかわかったような気がした。それは、たとえば「兄弟同士」で憎しみ合うことだ。なぜなんだろう。親の愛情を独占したいのかもしれない。あるいは親の財産を独占したいのかもしれない。でも、ほんとうはもっと別の隠された動機があるのかもしれない。すぐ近くにいる自分にそっくりの誰か。自分にそっくりだからこそ、自分のすべてが取って代わられるような恐怖を感じるのかもしれない。いや、もしかしたら、そこには「自分自身を憎む気持ち」も混じっているのかもしれない。そのことには考えるべきなにかがあるように、いまのぼくには思える。

「シンラン」が直面しなければならなかったのは「宗教対立」だ。同じ「神さま（この場合はホトケさまだけれど）」を信じるが故に、少しでもちがう信じ方が許せないのだ。
これにいちばん似ているのは、政治の世界の対立だ。

たとえば、マルクス主義や社会主義を信奉する人たちは、長い間激しい党派闘争を繰り広げてきた。マルクス主義者と別の社会主義者の間で、あるいはマルクス主義者たちの間で、あるいはまた、ロシア革命を先頭にして始まった社会主義革命の時代にはその権力をめぐって、敵対する王党派や外国の軍隊よりも内輪の革命諸党派の間で血肉の争いが起こった。世界で最初の社会主義政権を作ったソヴィエト連邦では権力を握ったスターリンが、自分に反対する者たちをすべて「反革命派」だと決めつけて殲滅《せんめつ》していった。

外の敵よりも、内側にある敵の方が憎かったのだ。

ぼくもまた十代の頃、社会主義や共産主義の党派のすぐ傍《そば》にいて、あるいは自分もまたその内側に少しだけ入って、「ほとんど同じ考え」、それも「世界を解放する」というような「崇高な目的」を共有している者たち同士での殺し合いを見てきた。そして、なぜだろうと思った。どうして、そんなにも憎むのだろう。そこから逃れる道はないのだろうか。そう思った。そして、政治党派たちの間での争いが必然なのだとしたら、それはそもそもどんなに素晴らしい目的を持っていたとしても、政治思想というものそのものに根本的な過ちがあるのかもしれないと思ったのだ。

ここまで書いて、もしかしたら、みなさんにもわかってもらえたのではないかと思う。ぼくが「シンラン」に興味を抱くようになったのは、「宗教家」としてだけではない。もっと大きいもの、人間というものがぶつからざるをえない運命とでもいうべきもの、そういうものに「シンラン」はぶつかったのではないかと思ったからだ。

最初のうち、「シンラン」はふつうの若者だったと思う。どの時代にもいる、たくさんいる、ふつうに多くの悩みを抱えた若者だった。さっきも書いたように、「シンラン」が生きていたのは難しい時代だった。悲惨な時代でもあった。でも、悲惨ではない時代があるのかと訊かれたら、誰だって一瞬黙ってしまうだろう。

困難な時代の青年だった「シンラン」は、思い悩む青年が当時もっとも行き着く場所にたどり着いた。それは「宗教」、いや「仏教」だった。そして、「仏教」を信じる「僧侶」になったのである。

「シンラン」がもっと後の時代に生まれていたら、政治青年になったかもしれない。そして、どこかの政治党派に入ったかもしれない。８５０年前、心に悩みを抱えた青年だけではなく、社会や世界に疑問を持つ青年の多くも「宗教」への道を選んだ。青年にとってわかりやすい「政治運動」や「社会運動」はほとんどなく、「宗教」が、知識のある、世界に向かい合おうとする青年たちすべての「受け皿」になっていたのだ。

そのままなにも起きなければ、「シンラン」はただの優秀な僧侶で終わったかもしれない。だとしたら、ぼくたちが『歎異抄』を読むこともなかっただろう。

けれども事件は起きた。「シンラン」たちは同じ仏教徒から攻撃され罪人となった。そして、「シンラン」は変わった。決定的に、不可逆的にだ。ぼくはそう思っている。

「シンラン」は流刑地に連れていかれた。そのとき「シンラン」に起こったのは、僧侶としての名前を剝奪《はくだつ》されたことだった。そして、「俗名」をつけられたことだった。けれども「シンラン」は、その「俗名」を受け入れなかった。そして、「しかればすでに僧にあらず俗にあらず」といった。そのあり方をぼくたちは「非僧非俗」と呼んでいる。「非僧非俗」とは、僧侶でもなく俗人でもない存在ということだ。そのとき、「シンラン」は気づいたのだと思う。

それまで、「シンラン」は「僧侶」だった。当たり前のことだ。「僧侶」として仏教を学び、立派な教義を研究した。救いとはなにかとか、「サトリ」とはなにかとか、そういう大切なこと、立派なことを考えた。それはこの世でもっとも大切なことだと信じていた。ところが、ある日突然、誰かがやって来てこういったのだ。

「おまえは僧侶じゃない。罪人だよ」

その誰かとはシャカじゃない。アミダでもない。おそらく、この国の役人だ。信心のことなんかちっともわかっていやしない人間がやって来て、「シンラン」から「僧侶」

である権利を奪ったのである。

たいていの人間はガックリする。もう僧侶じゃない、どうしようって。そうでなければ怒るだろう。権力によって僧侶でなくするなんて許せないと。

でも「シンラン」はちがった。

「僧侶」というのは権力によって定められた存在だったのだ。だとするなら、信心のためにはそんなものはいらないのではないか。

「シンラン」はそう思ったんじゃないだろうか。奪われて初めて、自分が後生大事に守っていたものに意味なんかないことがわかった。よく考えてみれば、ホトケやアミダはすべての人間を救ってくださる。そのとき、「僧侶」ってなんの役に立つのだろう。アミダが世界のすべての人びとを救済するために「助手」を必要とするだろうか。いらないよね。そんなもの。

「非僧非俗」とは「僧侶」でもなく「一般人」でもない存在のことだ。つまりなにものでもないものだ。「僧侶」は権力や国家や社会が認定して宗教の仕事をする人のことだ。「宗教がお仕事の人」。そのことばをじっと見ていると、なんだか変な気がしてくる。ぼくはそうだけれど、みなさんはどうだろう。「シンラン」もきっと、変な気がしたんじゃないだろうか。

一方、「俗人」とは、「宗教」の知識などなく、ただ不安でなにかにすがりたいな、たとえばお寺とか僧侶とかなんてどうでもいいな、とぼんやり思っている人のことだ。

ふつうの人は不安だらけだ。なんとか救われたい。現世がつらいから、来生ではゴクラクにオウジョウしたい。いや、そんなことばだって知らない。生きているとつらいなあ。楽になりたいなあ。どうしたらいいんだろうなあ。それくらいしか考えられない。いや、それくらい考えられればじゅうぶんだ。救いを待っているだけの人だ。「僧侶」に助けてもらわなきゃなにもできないか弱い存在だ。じゃあ「僧侶」も「俗人」もだめじゃないか。

では、「非僧非俗」の自分とはなんだろう。自分はなんのために生きているのだろう。自分の役割とはなんだろう。そのことを「シンラン」は生まれて初めて突き詰めて考えた。

誰にもそんなときがある。

それまで当たり前だと思っていたことが崩れ去る。自分の境遇が激変し、みんなの見る目が変わってしまう。社会そのものがすっかり変わり、自分が信じていたものが、突然意味のないものになっている。永遠に続くと思っていたものがなくなってしまう。変わらぬ価値があるはずだったものが無価値になっている。

そして、「シンラン」は気づいた。

おれは「僧侶」だから信じていたんじゃない。それが信じるべきものだからただそれだけの理由で信じていたのだ。

「ユイエン。おれがこれから話すことは、ひどく奇妙に思えるかもしれない。というのも、おれは考えに考えたあげく、ついにこう思うようになったんだ。アミダが永遠に近いほど長く考えられ、そして立てたあのお誓いは、ただおれひとりのためのものだったんじゃないかって。アミダは、こんなにもたくさんの罪にまみれたおれを救ってくださろうとあの誓いをなさった。なんてありがたいことなんだろうって。おれにはそう思えるんだ」

これは「あとがき」のところに出てくる、「シンラン」のことばだ。

原文ではこうなっている。

「弥陀《みだ》の五劫思惟《ごこうしゆい》の願《がん》をよくよく案《あん》ずれば、ひとへに親鸞一人《しんらんいちにん》がためなりけり。さればそれほどの業《ごう》をもちける身《み》にてありけるを、たすけんとおぼしめしたちける本願《ほんがん》のかたじけなさよ」

「ひとへに親鸞一人がためなりけり」ということばは、一見おかしく聞こえるだろう。あらゆる人を救うためのアミダが、たったひとりの個人のために誓いを立てるなんて。けれども、この「矛盾」こそが「宗教」を成り立たせている唯一のものなのだとぼくには思える。

実は、キリスト教もこの点では同じだ。「ひとり」で神の前に佇《たたず》むのだ。「ひとり」で神と契約をするのだ。その場所に立ち会う者は他にはいないのである。「みんな」など存在しない。たくさんの「ひとり」があるだけだ。

このとき「宗教」は、「宗教」など無関係だと思って生きているすべての人間に限りなく近づくのだ。

ぼくたちもみんな、気がつくと「ひとり」だ。親や子どもがいようと、友人がいようと、会社や学校やなにかの組織の一員であろうと、ほんとうは「ひとり」なのだ。「親」とか「子ども」とか「友人」とか「社員」とか「党員」というのは、かりそめにつけられた「名前」、いや役割にすぎない。なにかとの誰かとの関係をあらわす記号にすぎない。たとえば「僧侶」という記号がある。「俗人」という役割がある。だから「非僧非俗」とは「ひとり」ということなのだ。

ほんとうのところ、ぼくたちはみんなただ「ひとり」で生き、そしてただ「ひとり」で死んでゆく。その、いろいろな「名前」をつけられた「ぼく」たちひとりひとりの内側になにがあるのかは、社会や世界の他の誰も知らないのだ。

「シンラン」はそのことに気づいたのだと思う。

「シンラン」はアミダとかネンブツとかジョウド宗とかホウネンとかいう「名前」を知っていた。けれども、その意味をほんとうに理解できたのは、「非僧非俗」になってからだったんじゃないだろうか。

人が絶対的なものの前に立たされたとき、他のなにかに頼ることはできない。あるとき突然、そんな瞬間がやって来るのだ。社会的地位があるとかお金持ちだとかものすごい才能や能力に恵まれているとか、そんなことがなんの役にも立たないことがある。わかりやすいのは「死の宣告」だ。たとえば医者が目の前でぼく（たち）にいう。

「あなたの余命は3カ月です」と。

絶対の前に立たされる、というのはそういうことだ。

作家のドストエフスキーは反帝政運動に参加したため逮捕・投獄された。裁判の結果、彼に下されたのは死刑判決だった。

1849年12月22日、ドストエフスキーは他の死刑囚たち二十名と共に、処刑場のセミョーノフスキー練兵場に移された。そして、銃殺のため、死刑囚たちは横3列縦7列に並ばされた。ドストエフスキーは2列目だった。そして、刑がいままさに執行されようとした瞬間、急ぎの使者が現れ「皇帝陛下の寛大な慈悲」を告げ、ドストエフスキーたちはシベリア流刑に減刑されたのである。もちろん、それは国家の側が仕組んだパフォーマンスだったけれど、そのことをドストエフスキーたちは知らなかった。ぼくたちにわかるのは、ドストエフスキーというひとりの作家が「絶対」の前に立たされたということだけだ。確かに、ドストエフスキーはすでに「作家」であり政治思想犯であり、「仲間」と目される同志二十名もすぐそばにいた。けれども、兵士たちが手に銃を持って現れたとき、ドストエフスキーは「ひとり」だったはずだ。銃の前にいるのは、「作家」でも「政治思想犯」でもなかった。逃れられない絶対的なものの前に立たされた、あまりにも無力な個人だったはずだ。

ドストエフスキーの作品も彼のキリスト教への信仰も、「そこ」からやって来たのだ。ぼくはそう思っている。

ぼくには宗教がよくわからない。宗教がわからないというより、神に似たなにかにすべてをゆだねるという「信仰」のあり方を実感することができないのだ。だから、ぼくは自分を「無神論者」であると思ってきた。

だが、「シンラン」や「ドストエフスキー」が直面したもの、あるいは、そのときに感じたかもしれないことについてはわかるような気がするのだ。

なにか絶対的なものの前で、たったひとり、社会的な属性をすべて剝ぎとられ「裸」でいること。自分が途方もなく無力な存在であるのを知ること。それならわかる。ほんとうは誰にだってわかることなのかもしれないのだ。

「ひとへに親鸞一人がためなりけり」

「非僧非俗」というあり方を受け入れたとき、「シンラン」が感じたのは、「宗教者」だけが感じることではなく、あらゆる人間が感じるはずのことだった。いや、そうではない。実はそのとき初めて「シンラン」は「宗教者」の「資格」を手に入れることができたのだ。

ぼくは「シンラン」の宗教性は「非僧非俗」からやって来たと思っている。つまり「非宗教」の側からやって来たのだ。「宗教」というものを一度否定しないかぎり、「信仰」の奥底へは行き着くことができない。「シンラン」は、そのことを明らかにしたのである。

ネンブツと文学

ここまで読んできたみなさんは、「シンラン」が繰り返しネンブツがいちばん大切だ、といってきたことに気づかれただろう。ネンブツがすべて。ネンブツをとなえるだけでいい。「シンラン」は、師の「ホウネン」と共にそのことをいいつづけた。

でも、それでいいのだろうか。

ネンブツをとなえるだけでジョウドにオウジョウできる。「シンラン」たちジョウド宗の人たちは、こう考えている。他にはどんな修行も必要ではない。「ナムアミダブツ」ととなえるだけでいいのだ。

しかし、ここに、一つ大きな問題が生まれる。ぼくはこの問題を、『吉本隆明が語る親鸞』という本で知った。それは仏教に詳しい人ならよく知っている問題だろうけれど、ぼくにはとても新鮮に、そしてとても重要に思えたのだ。これ以上に重要な問題はないのではないかとさえ思えた。

1205年、当時、興福寺の高僧だった解脱上人貞慶（ゲダツショウニンジョウケイ）という人が「興福寺奏状《そうじょう》」という告発状を書いて朝廷に差し出した。ジョウケイはこの告発状の中で、ホウネンやシンランたちが強く推しているネンブツのあり方、つまり「ネンブツをとなえるだけでゴクラクにオウジョウできる」という「専修念仏（センジュネンブツ)」を批判した。この翌年からホウネンの教団、「ジョウド宗」への弾圧が強まり、1207年に、ホウネンやシンランをはじめとする弟子たちが流刑・死罪となるのである。そのきっかけとなった批判文といえるだろう。ジョウケイは次のように書いたとされている(『吉本隆明が語る親鸞』より引用)。

「本当の意味での念仏は、人間の心のなかに、念ずる心、菩提心《ぼだいしん》があって、それが言葉になって、名号を称える、あるいは念仏称名としてあらわれるものだ。だから、念ずる心とか、菩提心とか慈悲心というおおもとがそれぞれの人の心のなかにあって、それが外にあらわれてはじめて、念仏称名の言葉になる。

ところが、法然とかその弟子たちが言っているのはそうじゃない。あの人たちが念仏と言っているのは、ただ言葉だけで名号を称えればいいと言っているだけじゃないか。言葉で名号を称えさえすれば、誰でもわけへだてなく浄土へゆけるみたいに言いふらしている。

言葉で名号を称えることと、仏教で言う本当の念仏とは違うんだ。もし、法然の弟子たちが言うことが正しいなら、口先だけで名号を称えればもうそれでいいってことになるじゃないか。それは仏教としては堕落以外のなにものでもない」

実はホウネンのネンブツに菩提心がないと厳しく批判したのは明恵（ミョウエ）なのだが、ここは吉本説にそって進めてみる。みなさんはどう思うだろう。ジョウケイがいっていることは、どう考えても正しい。そう思わないだろうか。

人間として、そのこころの中に真に救われたいという思いがまずなければならない。真実の気持ち、真実の菩提心や慈悲心があって、それが口から洩《も》れ出てくるのがネンブツになるのだ。こころの底から「ナムアミダブツ」と思う、それがことばになってあふれ出すのがネンブツなのだ。そんな気持ちなどまるでなく、ただ口先だけの（ホウネンやシンランのいう）ネンブツに意味などない。そんなものは宗教でも信心でもないじゃないか。

ものすごく説得力があることばだ。ぼくもそのことは認める。このことばに反論することは難しい。なぜなら、このことばは正しいからだ。そして、その一点で、「正しい」が故にぼくは深い疑問を感じるのである。

ジョウケイがいっているのは、簡単にいうなら「深く思うこころが先にあって、その表現としてことばが出てくる」ということだ。あるいは、「人間というものは、まず深く思うこころが先にあって、その表現としてことばを出すべきものなのだ」ということだ。さらにいうなら、「あることについてなにも考えてもいないのに、もしくは、せいぜい思いついたぐらいなのに、ただことばだけを並べるのは、美辞麗句を連ねるのは、人間としておかしい」ということだ。

ここまで「翻訳」すれば、ジョウケイがいっているのは、単にネンブツの問題、単に「宗教」の問題であることを超えた、人間にとっての普遍的な問題についてだということがわかるだろう。

国語の問題に、ジョウケイのことばが取り上げられ、ジョウケイとホウネンやシンランたちのどちらが正しいのか問われたら、正しいのはジョウケイということになるかもしれない。それでも、ぼくはこのジョウケイのことばに強く抵抗したいのだ。なぜなら、この世界には「口先だけ」の分野があるからだ。
いうまでもなく、それは文学の世界である。

文学は口先だけのものだ。実はそれだけが、口先だけのものであることだけが、文学をこの世で意味ある存在にしている。ぼく自身が文学というものに関わる者として、そのことだけは確信していえるのである。

なにか書くことが前もって明確にある。小説ならば登場人物のキャラクターや物語やエピソードが決まっている。テーマや構想が決まっている。そして、その決まったなにかを書き進めてゆく。まるで建築家が設計図にもとづいて建物を建てるように。あるいは、演奏家が楽譜にもとづいて演奏するように。みなさんは、文学というものはそんなふうに書かれるのだと思っているかもしれない。いや、もしかしたら、中にはそんなふうに思いこんで書いている作家だっているかもしれない。

しかし、文学の「現場」では、そんなことは起こらない。もっと別のことが起こっているのだ。

なにかを前もって決めていたとしても、ひとたび「作品」を書きはじめると、ちがった景色が見えてくる。目の前にことばが現れる。それは自分で書いたことばなのに、まるで他人の書いたことばに思える。そして、その「ことば」に導かれるように、自分の中から未知の「ことば」が生まれ出てくる。それが、文学の「現場」で起こることだ。だから、あらゆる文学は、その作者にとって、どこへ向かうのかわからない旅になる。どのように力ずくでねじ伏せようとしても、書かれたことばは、それ自身に意志があるかのように次の別のことばを探し求める。そうでなければ、文学に意味などないのである。

詩人たちはそのことをよく知っている。即興演奏をする演奏者たちもよく知っている。けれども、一見「設計図」があるように見える作品の作り手たちも同じ経験をすることになるのだ。

偉大なことを考えるから偉大な作品を書くことができるのではない。自分の手の先から生まれたことばが、その作者を偉大な作品へ導くだけなのである。

いや、実は、「こころ」とことばの関係はもっと簡単なのかもしれない。簡単すぎて、逆に気がつきにくいのかもしれない。

日本人は英語が不得手だといわれている。とりわけ、表現するのが。というのも、英語で誰かになにかを伝えようとするとき、その表現が「完全」でなければいけないと思いこんでいて、まず英語でのまちがいない言い方を「頭の中で」組み立ててからしゃべろうとする。だから、うまくいかないのだ。

当たり前だ。日本語でしゃべるとき、そんなしゃべり方をする人間はいない。誰もが、なんとなくしゃべりたいことを決める。ときにはほとんどなにも決めない。それでも、なんの不自由もなくしゃべることができる。なぜなら、人は、しゃべりながらそのしゃべっている自分のことばを「聞きながら」、次にしゃべることばを「即興的」に決めていくからだ。

いや、いままさにぼくが書いているこの文章もまた、この先どこに行くのかなにも決まっていないのである。目の前に生まれることば、文字が、次のことばを次の文字を決めてゆく。そんなふうにしか、ぼくたちはしゃべることも書くこともできない。

ことばと「こころ」の関係では、いつでも、どんなときでも、常識とはちがって、ことばが先行するのである。書かれるべきこと、話されるべきことは、決まってはいない。「こころ」が決めるのはきっかけだけなのだ。

たとえば、日本の演劇は、いかにも書かれたセリフであるような会話を経て、口語演劇になっていった。そして、岡田利規にたどり着き、ついに日常会話をそのまま演劇のセリフの中に持ちこむことになった。

「**男優1**　それではほんとの第一日目はっていう話をこれからしようと思うんですけど、『あ、昨日の夜、六本木にいたんだ』って、えっと、六本木で、まだ六本木ヒルズとかってて去年の三月ってまだできる前の、だからこれは話で、ってところから始めようと思ってるんですけど、すごい今って六本木の駅って地面に地下鉄から降りて上がって、それで上がったら麻布のほうに行こうとか思って坂下《くだ》るほう行くじゃないですか、そしたらちょうどヒルズ出来たあたりの辺って今はなんか歩道橋じゃないけどなんて言うかあれ、一回昇って降りてってしないと、その先、西麻布の交差点方面もう行けないようになっちゃったけど今は、でもまだ普通に一年前とかはただ普通にすごい真っ直ぐストレートに歩いて行けたじゃないですか、っていう頃の話に今からしようと思っている話は、なるんですけど、そっちのほうになんかライブハウスみたいのがあって、そこにライブを見に行って、っていうのから話のスタートは始めようと思ってるんですけど、それで、それがすごいいいライブだったんだけど、っていうこととかを話そうと、あとは、あとはとか言って、ライブのあとでそこで知り合った女のコがいて、その日はだからなんかそのあとその女と、いきなりなんか即マンとか勢いで、しかもナマでヤっちゃったみたいな話とかもこれからしようと思ってるんですけど、その前にっていうかまずそのライブハウスに行ったのが、だから三月の5日間の一日目なんだけど、二人で、その日は男《おとこ》で見に行ったんですね（このとき、自身と男優2を示すしぐさをそれとなくする）、ライブをその、えっと、六本木に行こうってことになって、っていう男が二人いたんですね、その男二人からのことから始めようとまずは話を、」

これは、岡田利規の、日本語による演劇の世界を変えたといわれる傑作戯曲『三月の

5日間』の冒頭部分で男優1が話すセリフの全文だ。ここには、思いつきと繰り返ししかない。だが、ぼくたちは実際にはみんなこのように話すのだ。それ以外の話し方を知らないのだ。男優がこんなふうにしゃべり始めたとき、観客が、どんな美しいセリフよりも「ゆすぶられる」思いにかられるのは、目の前の作品と観客である自分との間の壁が壊されるのを感じるからだ。ここにはなにかほんとうのものがある、と感じるからだ。この演劇が成り立つなら、いままでの自分が観てきた演劇はすべていつわりではないかと思えるからだ。

この男優1には「内面」などないように思える。まともな思考などできない愚かものに思える。けれども、観客であるぼくたちはそれを笑うことができない。なぜなら、ぼくたちもまたこの男優1と同じようにしかしゃべれないからだ。

この演劇の作者は、ことばというものがなにであるのかをよく知っていた。「ここ ろ」とことばの関係について熟知していたのである。

もう一度、『タンニショウ』の世界に戻ろう。

ジョウケイは経典や仏教の学説については詳しかったかもしれない。けれども、ことばがなにでありうるのかということ、ことばの真の性質については知らなかったのだと思う。では、なぜ「シンラン」たちは、そんなことを、「センジュネンブツ」などということを思いついたのだろう。多くのジョウケイたちにたやすく論破されそうなやり方なのに。

ホウネンは、もしかしたらその偉大な学識で、深い叡知《えいち》で、ジョウケイたちが考えるものとは異なったネンブツの原理に気づいたのかもしれない。

けれども、「シンラン」の場合はすこしちがうような気がする。もちろん、ネンブツだけでいいとする師のホウネンのことばは知っていただろう。

「シンラン」は「非僧非俗」の身になった。ホウネンは人生の最後の段階に差しかかっていたけれど、「シンラン」はまだ若かった。知性にあふれた僧侶たちの集団、高級な会話がかわされる場所から、「シンラン」は現実の世界に歩み出た。そこで「シンラン」が見たのは、「ふつうの人」たちだったはずだ。

「ふつうの人」は仏典もホトケのエラいおしえも知らない。そのころ、「ふつうの人」の大半はそもそも字なんか読めなかった。「ふつうの人」にとっては、ありがたいお経もただの紙だった。そして、いつもこう呟《つぶや》いていたのだ。

生きてゆくだけでたいへんだ。ああつらいなあ。このつらさから逃れるために死んでジョウドとかいうところへ行けばいいのだろうか。お坊さんがなにかいってるけれど、むずかしいことはわからないのだ、と。

「本当の意味での念仏は、人間の心のなかに、念ずる心、菩提心があって、それが言葉になって、名号を称える、あるいは念仏称名としてあらわれるものだ。だから、念ずる心とか、菩提心とか慈悲心というおおもとがそれぞれの人の心のなかにあって、それが外にあらわれてはじめて、念仏称名の言葉になる」

「ふつうの人」のこころの中に、吉本説によればジョウケイがいうような「念ずる心、菩提心」があるだろうか。「菩提心とか慈悲心」はあるのだろうか。そこから自然にネンブツをとなえることができるようななにかなどあるのだろうか。

「シンラン」にはわかったのだ。「ふつうの人」のこころの中にはそんなものはないのだということが。「念ずるこころ」も「菩提心」も「慈悲心」も、「ふつうの人」にとっては贅沢品《ぜいたく》なのだということが。そんなものよりもっと単純で、もっと根本的なものが、そこにはあるのだ。ただ「つらい」があるだけだ。「死んだら楽になれるのかなあ」という淡い思いがあるだけだ。そして、それこそが、それだけが唯一なにかの根拠になることができるものなのだ、ということが。きれいな服を着て難しいことをいう僧侶たちは、「ふつうの人たち」にとっては「あちらの世界の人」なのだ、ということが。


ジョウケイがいうように、なにかがこころのうちにあるからネンブツをとなえるのではない。逆なのだ。

まずネンブツをとなえるのだ。ネンブツが先なのだ。まずことばがあるのだ。そのことばをとなえつづけるのだ。意味などわからなくてもかまわない。ただもう熱中して、ただもう無になって、よく知らないけれど、ありがたいらしいそのことばを口にするのだ。それだけでいいのだ。ほんとうにそれだけでいいのだ。そして、そのとき、そのときにだけ、その先にだけ、人間にとってほんとうに必要ななにかが生まれるのだ。

ただひとりのために

太宰治（ダザイオサム）という作家がいる。この国の作家の中でもとりわけて人気がある。もしかしたら、いちばん人気がある作家かもしれない。もちろんぼくも大好きだ。ダザイオサムが好きだという読者に、その理由を訊ねると、こんな答えが返ってくることが多い。昔からだ。そして、ぼくは、これも実に不思議なことだと思ってきた。それはこんなことばだ。

「彼の作品を読んでいると、まるでわたしのために書かれた作品のような気がしてくるんです」

ありえないというなら、これほど非現実的なこともないだろう。有名な作家が、ある特定の読者のために書くなんてことはありえない。だいたい、その作家はその読者が生まれる前に死んでいるというのに。だから、そんな読者のことなど知るわけがないというのに。

でも、読者のみなさんはもう気づかれているだろう。ここでも「シンラン」に起こったことが繰り返されているのだ。

「ひとへに親鸞一人がためなりけり」

アミダは「シンラン」のために誓いを立てたのではない。ダザイオサムは、どこかにいる誰かひとりのために『津軽』や『お伽《とぎ》草紙』や『斜陽』を書いたのではない。そんなことはわかっている。そんなことは「常識」だ。

けれども、「シンラン」はそうは思わなかった。「ひとへに親鸞一人がためなりけり」と思ったのだ。ダザイオサムの読者たちも「ひとへに自分一人がために」書かれたと思うのだ。では、なぜそう感じるのだろうか。

それは、「語りかけようとしている」からではないだろうか。

その点においては、アミダも作家も変わらないのだ。作家は読者に向かって書く。では、どんな読者に向かってなのか。それは現実の読者ではない。現実の世界にいる現実の人間の読者は、みんなひとりひとりちがっているし、そもそもそれがどんな人間なのか作家にはわからない。

だから、作家は想像するしかないのだ。ぼくは、目の前にいる、なにもいわずに黙って、ぼくから届くはずのことばを待っている読者に向かって書くことを想像する。

そこでも、一対一の関係が生まれる。作家であるぼくには、作家としての名前があるだろう。けれども、この、なにかを書き送り届けるという関係の中では、作家であるぼくにも名前はない。ぼくがことばを送り届けようとする読者にも名前はない。なぜなら、そこにいるのは現実の誰かではないからだ。社会の中で生きて、さまざまな関係の中で生きている誰かではなく、それらすべての関係から逃れ出した読者だからだ。

「非僧非俗」

もう一度、ぼくたちはこのことばに戻らなければならない。

「非僧」、「僧侶」ではないもの。
「非俗」、「俗人」でもないもの。
大切なのは、「非」の一語だ。
「僧侶」であるのは、社会がそう認識し、当人もそう思うからだ。そして「僧侶」であるといえば、誰にだってその意味はわかるのだ。「俗人」もそうだ。「俗人」とはふつうの人、そこらにいる人、生きて死んでゆくすべての人びと。そして大切なのは、彼らはそれ以上突き詰めては考えないことだ。そんなことを「ふつう」の人は考えないのだ。でも、それは彼らが劣っているからではない。社会の中で生きるということは、考えることの大半を社会がやってくれるということだ。だから「ふつうの人」はほとんどなにも考えなくてもいいのだ。その「ふつうの人」というあり方を受け入れることで、なんとか生きてゆくのだ。

けれども、「僧侶」や「俗人」に「非」のことばが加えられるとき、世界は変わるのだ。「僧侶」や「俗人」が、社会によって決められた役割なら、その社会から切り離されるのだ。そして、社会から守られることのないただの「個人」になるのである。

そんな「個人」だけが、そんな「個人」がことばをつむぎだすことだけが、「個人」と「個人」の間にある巨大な壁を越えて、ことばを届けることができるのだ。

正しそうなものには気をつけろ

少し長く書きすぎたようだ。ほんとうは「親鸞」が書いた『歎異抄』の、ぼくの「翻訳」を読んでもらうだけで、他にはなにも、どんな解説もいらないのかもしれない。読者のみなさんがぼくの「解釈」を押しつけられているように感じてしまったなら、申し訳ないと思う。

ここまで書いてきたことは、ぼくが『歎異抄』という一冊の本に出会って感じたことだ。それはぼくだけが感じたことで、みなさんは、また自由にこの本に出会うべきなのだと思う。できうるなら、みなさんも自ら「翻訳」することで、『歎異抄』ではなく、みなさんひとりだけの『タンニショウ』に出会えるといいと思う。あらゆる本は、いや人間が作るものはすべて、そのように「一対一」の関係の中で出会うべきものなのだから。

繰り返すことになるけれど、ほんとうのところぼくには宗教はわからない。なにか特定の神や超越的な存在を信仰することはないだろう。そういう意味では、ずっと無神論者でありつづけるのだと思う。

そんなぼくでも「祈る」ことはある。自分を超えた存在に思いをめぐらすこともある。宗教的な感情とでもいうべきものが生まれることもある。もしかしたら、「宗教」そのものには無縁でも、「宗教」が含んでいるもの、「宗教」の本質の中にあるなにかには惹かれつづけるのかもしれない。いや、そのときには「宗教」ということばも不要なのかもしれない。

最後にもう一つだけとり上げたいエピソードがある。

キリスト教の世界で有名な「幼児洗礼論争」だ。それは膨大で複雑な論争なので、簡単に説明することはできない。けれども、ぼくが理解した限りでこのエピソードの一部を紹介しておきたい。

カトリック教会では長く「幼児洗礼」というものが行われてきた。まだ主体的とはいえない、信仰についての知識もない幼児や乳児に「洗礼」を行い、キリスト教徒にする儀式である。

長くつづいたこの習慣に対して、二十世紀最大の神学者カール・バルトが痛烈な批判を行った。その主旨は、「信仰とは神との一対一の契約であり、主体的な意志を持たない幼児に『洗礼』を行うのはキリスト教への冒瀆《ぼうとく》である」というものだった。

バルトの批判は正しいものに思えた。キリスト教で神を信ずるということは、「神」と「個人」との、他になにも介さない契約であると考えられていたからだ。

みなさんは、ぼくがこれまでずっと、「一対一」の中で出会うことの重要性について書いていたことを覚えているだろう。社会の常識に反して、真の出会いとは、社会の属性を排したもの同士の「一対一」の出会いなのだと。

だとするなら、バルトのいう「神との一対一の契約」こそ真の出会いにふさわしい。はっきりした意志を持たない幼児を、大人たちや神父たちが無理矢理「神」との契約の場に引っ張りだすのは、宗教自身の自己否定になるのではないか。誰もがそう思った。

バルトのあまりにも「正しい」と思える批判に、敢然と立ち向かったのが、バーゼル大学でのバルトの同僚であり、キリスト教史の研究者であったオスカー・クルマンだった。クルマンは、バルトの「信仰とは神との一対一の契約であるという考え方」は素晴らしい、けれども「実のところ、それは信仰ではない」といったのである。

キリスト者、つまり信者は神にすべてを捧げる。それに対して、神は救済と魂の安寧をその信者に与える。それが人間と神との契約だ。もう一度いおう。それは素晴らしい。

そこには個人の自立もあるだろう。けれども、最終的に、それは信仰ではないのだ。

キリスト教の信仰とはなにか。まず最初に神からの愛の一方的贈与があるのだ。まず愛なのだ。「幼児洗礼」とは、そんな神からの愛の一方的贈与の純粋な形なのだ。見返りを一切期待しない純粋の贈与なのだ。それが神の愛なのだ。「信仰」とは、「神への愛」ではなく、まずなにより「神からの愛」なのだ。そう、ネンブツがアミダからの一方的な贈りものであるように。それは「愛の一方的贈与」なのだから、受けとることも拒否することも自由なのだ。仮に拒否したとしても、神はそれを許してくださるはずである。クルマンはこう主張したのである。

クルマンの視点からは、バルトの「神との一対一の契約」は、現世の論理そのもの、ぼくたちが生きている社会、とりわけ資本主義社会の労働の論理と同じものに見えたのだろう。

この「幼児洗礼論争」は決着がつかないまま終わっている。けれども、聡明なバルトにはクルマンの批判の鋭さがわかっていたと思うのである。

どう考えても正しそうなバルトの論理。けれども、正しそうなものには気をつけた方がいいのだ。

『歎異抄』の「その三」で、「あの方」はこういっている。

「善人なほもつて往生をとぐ。いはんや悪人をや」

「善人でさえ、死んでからゴクラクジョウドに行くことができるのだから、悪人なら当然行けるはずだ」とぼくは翻訳した。この不思議な文章のあと、「あの方」はそのわけを説明している。みなさんは納得できただろうか。それでもやはり、「善人」の方がゴクラクに近いのではないだろうか。「悪人」の方が優遇されていておかしいな。そう思った読者もいたにちがいない。

では「善人」とはなんだろう。それは「善いこと」をする人のことだ。たとえば、混んだ電車で老人や妊婦に席を譲る人だ。きちんと働いて、贅沢もせず、ためたお金を気の毒な人たちのために募金する人だ。あらゆる戦争に反対する人だ。イジメや不正に声をあげる人だ。選挙があると必ず投票する人だ。タバコの吸殻を路上に放り投げない人だ。そして、そんな自分を、おそらくだが別に誇ったりもしない人だ。

だとするなら、たぶん、たいていの人は「善人」とは呼ばれないだろう。そういう人たちは、「善人」と呼ばれる人たちを見ると、ちょっと恥ずかしく思うだろう。どれもできそうなことなのに、なんとなくできないことばかりだ。そう思うかもしれない。「善人」は「正しい人」たちだ。そして、世の中にはいつも「正しい人」たちがいる。その一方で、明らかに「正しい人」ではなく、とても「正しい人」にはなれないよなあと思う人たちもいる。もしかしたら、そちらの方がずっと多いかもしれない。そういう人たちこそゴクラクにオウジョウできるのではないだろうか。なんだかそんな気がするのである。

いや、もっと積極的にというか、結果として悪いことをしてしまう人もいる。世間で「悪い」といわれることばかりしてしまう人が。そういう人は、積極的に「悪い」ことをしようとしてやっているのだろうか。なんとなく流されてやっているだけじゃないだろうか。そして、「悪い」ことをするたびに、ああどんどん世間から遠ざかってゆくなあと呟いているのではないだろうか。そういう人たちこそもっとゴクラクにオウジョウできるのではないだろうか。ここでも、ぼくはそんな気がしてしまうのだ。

さらにもっと極悪非道なやつもいる。連続殺人犯とかユダヤ人を閉じこめて大量に殺した収容所の所長とか。そういう連中は生きることが楽しかったのだろうか。毎日なにかにおびえて暮らしていたのではないだろうか。ほんとうはなにもかもいやになっていたのではないだろうか。だとするなら、そういう人たちこそ……。

「あの方」なら、いや「シンラン」ならそういったのではないだろうか。ぼくにはそんな気がするのである。それなら、なんとなくわかる。世間の常識とはちがうのだけれど。『歎異抄』に書かれていることは、世間の常識とはちがっている。だいたいが正反対なのだ。

その理由について、書いてみたつもりだ。最後まで読んでくれてありがとう。繰り返していうけれど、ぼくのことばはほんとうは不要だ。直接『歎異抄』を、あるいは『タンニショウ』を読んでください。それですべてがわかるはずだから。

名前を呼ぶこと（あとがきに代えて）

これは、ある意味で偶然できあがった本だ。雑誌の連載で、ぼくは宗教について書き、その中で「親鸞」をとりあげた。そのために『歎異抄』からのことばを引用する必要ができた。誰の現代語訳を使えばいいのか。そうか。自分で訳せばいいのか。そう思った。必要な箇所を訳しているうちに、全文を訳してみたくなった。気がついたときには、夢中になってすべてを訳してしまったのだった。なぜ『歎異抄』だったのか、そのことについては本文中に書いたので、わかってもらえるならうれしい。

誰かの本を読む。誰かについて考える。そのとき、ぼくは必ず、その人をどう呼ぼうかと考える。それがすべての始まりだ。もちろん、いつもではない。けれども、その誰かについて、ほんとうに真剣に向かい合いたいと思うときは、いつもだ。

誰かと向かい合う。そして話しかける。そのときには、その人の名前を呼ばねばならない。それが話しかける、ということだ。でも、名前は一つではない。

いちばんわかりやすい例は、恋人たちだ。

この世界でいちばん呼びかけられてうれしい名前は、愛する人から囁《ささや》かれる自分の名前だ。逆に、呼びかけることがもっともうれしい名前は、愛する人に向けて囁く名前だ。仮に、それがその人の「本名」で、みんなが同じように呼びかけたとしても、誰かひとり特別な人からの語りかけは、まるで異なって聞こえる。

もしかしたら、恋人たちの間には、世界の他の誰も知らない名前が存在しているのかもしれない。ぼくはそんなふうに思っている。

だから、ぼくの最初に本になった小説は、名前を持たない者たちが、お互いに名前をつけ合うことから始まっている。

『論語』という有名な本を長い時間かけて訳していった。そのとき、その本の語り手をどう呼べばいいのかと考えた。みんなは「孔子」だという。確かに、その語り手は、そう呼ばれている。けれども、ぼくはその名前で呼ぶ気持ちになれなかった。途中から、ぼくは、その人を「センセイ」と呼ぶようになった。それがいちばんいいと思えた。その本を書き記した人たち、「孔子」という人の弟子だった人たちは、たぶん「先生」と呼んだのだろう。あるいは別の、もっと敬意をこめた名前を。ぼくは二千年以上たって、その本の中の人たちが遥か昔に亡くなった後、ただことばを通して、その人の「講義」に参加した者だ。そして、教室のいちばん後ろで、熱い思いで、その人のことばを受けとった者だった。その人は、ぼくにとって、ただひとりの「センセイ」だった。だから「センセイ」と呼ぶことにした。それ以外の名前は考えられなかった。

その人の名前は「親鸞」だった。でも、それはみんなにとっての呼び名だった。ぼくは、ぼくだけの「親鸞」、つまり「シンラン」と向かい合った。けれども、その人の名前を「シンラン」と呼ぶことにもためらいがあった。その人とほんとうに向かい合うためには、その人から語りかけてもらうためには、もっと別の名前が必要ではないか、とぼくは思った。ぼくだけの「シンラン」にふさわしい名前があるのではないかと。それが「フジィくん」だった。そして、ぼくは、「シンラン」について書きながら、ひそかにずっと、その人のことを「フジィくん」と呼んでいた。

「フジィくん」は罪人としての名前だ。僧侶としての資格も名前も奪われ、勝手につけられた名前だ。もちろん、「シンラン」は自分で名乗ったこともないだろう。なぜなら、それは忌むべき名前だったからだ。けれども、ぼくは、その人のことをその名前で呼びたいと思った。

十八歳のとき、ぼくは学生デモで逮捕され留置所に収容された。そこでのぼくの名前は「十番」だった。ずっと留置され、最後に弁護士が来て「名前をいわないと釈放されませんよ」と説明されるまで23日間、ぼくは「十番」だった。ぼくには他の名前がなかった。そして、ずっと「なぜほんとうの名前をいわないのだ」と厳しく責められつづけた。ぼくが犯したとされる罪よりも、「名前を名乗らない」ことを厳しく責められた。

そのことが不思議だった。意味がわからなかった。それは、ぼくにとって初めて直面した、「ひとりの個人として考えるべき」ことだった。名前をなくして初めて、ぼくは、自分にはなにもないことがわかったのだ。

それからしばらくして、ぼくは拘置所に入った。そこにいた8カ月の間、ぼくは「二十三番」だった。他の名前では呼ばれなかった。そのときには、ぼくの名前はわかっていたはずなのに。独房にいた「二十三番」のぼくには、なにもすることがなかった。ただ自分自身に向き合うこと以外には。

あれから半世紀以上が過ぎた。いまのぼくは、「あそこ」から来ているのだと思う。「十番」、あるいは「二十三番」と呼ばれたことから。

もしかしたら、あの人も、「フジイくん」と呼ばれたことからすべてが始まったのではないだろうか。ぼくにはそう思えた。そうとしか思えなかった。だから、ぼくはあの人を「フジイくん」と呼ぶことにした。もしかしたら、それはまちがいなのかもしれない。それでもかまわない。あの人は、それを許してくれると思う。

最後に、貴重なアドヴァイスをいただいた釈徹宗さんと、いつもたいへんな苦労をかけている担当編集者の矢坂美紀子さんに深い感謝のことばを捧げます。

親鸞の時代年表

西暦	元号	年齢（数え年）	
1052	永承7		釈迦入滅から永遠に近い時が過ぎて仏法が廃れる、いわゆる「末法」の世の初年とされる。
1156	保元1		「保元の乱」が起こる。後白河天皇と崇徳上皇の争いに複雑にまきこまれる形で源氏と平氏が戦った。
1159	平治1		「平治の乱」が起こる。後白河上皇のもとで平清盛と源義朝が戦い、清盛が勝利。以降、平氏の世の中となる。
1173	承安3	1	下級貴族・日野有範の長男として、京都郊外の日野（現・京都市伏見区）に親鸞が生まれる。
1175	安元1	3	法然（43歳）、比叡山を下りて、「専修念仏」を唱える「浄土宗」を開く。
1181	養和1	9	慈円のもとで得度し、比叡山に入る。名前を「範宴」と称した。ここから約20年の修行生活。この年、清盛が没し、「養和の大飢饉」が起こった。

1185 文治1 13 壇の浦の戦いで平氏滅亡。

1192 建久3 20 源頼朝、征夷大将軍に任命される。

1200 正治2 28 鎌倉幕府が「専修念仏」を禁止する。

1201 建仁1 29 親鸞、比叡山を下り、六角堂に百日参籠。聖徳太子の夢告により、法然の門に入る。

1204 元久1 32 比叡山も念仏停止を奏上する。

1205 元久2 33 興福寺の貞慶が「興福寺奏状」をあらわし、「専修念仏」を弾劾。

1207 承元1 35 朝廷は「専修念仏」を禁止。法然・親鸞をふくめた8人が流罪、4人が死罪。法然は還俗させられて「藤井元彦」に。同じく、親鸞も還俗させられて「藤井善信」の名で越後に配流、以後、「非僧非俗」を称した。

1211 建暦1 39 妻の恵信尼との間に息子・信蓮房が生まれる。流罪を許され、法然は京都に戻ったが親鸞は越後に留まった。

1212 建暦2 40 法然、往生する。鴨長明が『方丈記』をあらわす。

1214 建保2 42 長野・善光寺を経て関東に向かう。常陸国・笠間の稲田郷（現・茨城県笠間市）を拠点に東国での布教を開始する。

1221　承久3　49　「承久の乱」が起こる。後鳥羽上皇が討幕の兵をあげるが失敗し、隠岐に配流される。

1224　元仁1　52　娘の覚信尼が生まれる。この頃、主著となる『教行信証』の執筆に力を入れ始めた。

1230　寛喜2　58　聖覚の『唯信鈔』を書写する。

1231　寛喜3　59　「寛喜の大飢饉」が起こり、数年にわたってつづく。

1234　文暦1　62　この頃、京都にもどる。

1235　嘉禎1　63　鎌倉幕府が二度目の「専修念仏禁止令」。この頃、『平家物語』『小倉百人一首』『源平盛衰記』などがあらわされた。

1241　仁治2　69　鎌倉で大地震。

1248　宝治2　76　『浄土和讃』『高僧和讃』をあらわす。

1253　建長5　81　日蓮が日蓮宗を開く。

1255　建長7　83　前年より精力的に著述。『浄土三経往生文類』『愚禿鈔』『皇太子聖徳奉讃』などをあらわす。

1256 康元1 84 関東の門弟の争いを収拾するために、息子・善鸞を義絶する。

1257 正嘉1 85 関東南部で大地震。

1259 正元1 87 1258(正嘉2)年以降続いた飢饉がこの年にかけて悪化。「正嘉の大飢饉」と呼ばれ、さらに続いた。

1262 弘長2 90 親鸞、往生する。

1274 文永11 「文永の役」。蒙古の軍勢が壱岐・対馬・肥前・筑前に上陸。

1290 正応3 この頃、唯円によって『歎異抄』があらわされる。

『歎異抄』原文

序

ひそかに愚案《ぐあん》を回《めぐ》らして、ほぼ古今《ここん》を勘《かんが》ふるに、先師《せんし》（親鸞）の口伝《くでん》の真信《しんしん》に異《こと》なることを歎《なげ》き、後学相続《こうがくそうぞく》の疑惑《ぎわく》あることを思《おも》ふに、幸《さいわ》ひに有縁《うえん》の知識《ちしき》によらずは、いかでか易行《いぎょう》の一門《いちもん》に入《い》ることを得《え》んや。まつたく自見《じけん》の覚語《かくご》をもつて、他力《たりき》の宗旨《しゅうし》を乱《みだ》ることなかれ。よつて、故《こ》親鸞聖人《しんらんしょうにん》の御物語《おんものがたり》の趣《おもむき》、耳《みみ》の底《そこ》に留《とど》むるところ、いささかこれを注《しる》す。ひとへに同心行者《どうしんぎょうじゃ》の不審《ふしん》を散《さん》ぜんがためなりと云々《うんぬん》。

第一条

一　弥陀《みだ》の誓願不思議《せいがんふしぎ》にたすけられまゐらせて、往生《おうじょう》をばとぐるなりと信《しん》じて念仏申《ねんぶつもう》さんとおもひたつこころのおこるとき、すなはち摂取不捨《せっしゅふしゃ》の利益《りやく》にあづけしめたまふなり。弥陀《みだ》の本願《ほんがん》には、老少《ろうしょう》・善悪《ぜんあく》のひとをえらばれず、ただ信心《しんじん》を要《よう》とすとしるべし。そのゆゑは、罪悪深重《ざいあくじんじゅう》・煩悩熾盛《ぼんのうしじょう》の衆生《しゅじょう》をたすけんがための願《がん》にまします。しかれば、本願《ほんがん》を信《しん》ぜんには、他《た》の善《ぜん》も要《よう》にあらず、念仏《ねんぶつ》にまさるべき善《ぜん》なきゆゑに。悪《あく》をもおそるべからず、弥陀《みだ》の本願《ほんがん》をさまたぐるほどの悪《あく》なきゆゑにと云々《うんぬん》。

第二条

一　おのおの十余箇国《じゅうよかこく》のさかひをこえて、身命《しんみょう》をかへりみずして、たづねきたらしめたまふ御《おん》こころざし、ひとへに往生極楽《おうじょうごくらく》のみちを問《と》ひきかんがためなり。しかるに念仏《ねんぶつ》よりほかに往生《おうじょう》のみちをも存知《ぞんじ》し、また法文等《ほうもんとう》をもしりたるらんと、こころにくくおぼしめしておはしましてはんべらんは、おほきなるあやまりなり。もししからば、南都《なんと》北《ほく》嶺《れい》にもゆゆしき学生《がくしょう》たちおほく座《おわ》せられて候《そうろ》ふなれば、かのひとにもあひたてまつりて、往生《おうじょう》の要《よう》よくよくきかるべきなり。親鸞《しんらん》におきては、ただ念仏《ねんぶつ》して、弥陀《みだ》にたすけられまゐらすべしと、よきひと（法然）の仰《おお》せをかぶりて、信《しん》ずるほかに別《べつ》の子細《しさい》なきなり。念仏《ねんぶつ》は、まことに浄土《じょうど》に生《うま》るるたねにてやはんべらん、また地獄《じごく》におつべき業《ごう》にてやはんべるらん、総《そう》じてもつて存知《ぞんじ》せざるなり。たとひ法然聖人《ほうねんしょうにん》にすかされまゐらせて、念《ねん》仏《ぶつ》して地獄《じごく》におちたりとも、さらに後悔《こうかい》すべからず候《そうろ》ふ。そのゆゑは、自余《じょ》の行《ぎょう》もはげみて仏《ぶつ》に成《な》るべかりける身《み》が、念仏《ねんぶつ》を申《もう》して地獄《じごく》にもおちて候《そうら》はばこそ、すかされたてまつりてといふ後悔《こうかい》も候《そうら》はめ。いづれの行《ぎょう》もおよびがたき身《み》なれば、とても地獄《じごく》は一定《いちじょう》すみかぞかし。弥陀《みだ》の本願《ほんがん》まことにおはしまさば、釈尊《しゃくそん》の説教虚言《せっきょうきょごん》なるべからず。仏説《ぶっせつ》まことにおはしまさば、善導《ぜんどう》の御釈虚言《おんしゃくきょごん》したまふべからず。善導《ぜんどう》の御釈《おんしゃく》まことならば、法然《ほうねん》の仰《おお》せそらごとならんや。法然《ほうねん》の仰《おお》せまことならば、親鸞《しんらん》が申《もう》すむね、またもつてむなしかるべからず候《そうろ》ふか。詮《せん》ずるところ、愚身《ぐしん》の信心《しんじん》におきてはかくのごとし。このうへは、念仏《ねんぶつ》をとりて信《しん》じたてまつらんとも、またすてんとも、面々《めんめん》の御《おん》はからひなりと云々《うんぬん》。

第三条

一　善人《ぜんにん》なほもつて往生《おうじょう》をとぐ。いはんや悪人《あくにん》をや。しかるを世《よ》のひとつねにいはく、「悪人《あくにん》なほ往生《おうじょう》す。いかにいはんや善人《ぜんにん》をや」。この条《じょう》、一旦《いったん》そのいはれあるに似《に》たれども、本願他力《ほんがんたりき》の意趣《いしゅ》にそむけり。そのゆゑは、自力作善《じりきさぜん》のひとは、ひとへに他力《たりき》をたのむこころかけたるあひだ、弥陀《みだ》の本願《ほんがん》にあらず。しかれども、自力《じりき》のこころをひるがへして、他力《たりき》をたのみたてまつれば、真実報土《しんじつほうど》の往生《おうじょう》をとぐるなり。煩悩具足《ぼんのうぐそく》のわれらは、いづれの行《ぎょう》にても生死《しょうじ》をはなるることあるべからざるを、あはれみたまひて願《がん》をおこしたまふ本意《ほんい》、悪人成仏《あくにんじょうぶつ》のためなれば、他力《たりき》をたのみたてまつる悪人《あくにん》、もつとも往生《おうじょう》の正因《しょういん》なり。よつて善人《ぜんにん》だにこそ往生《おうじょう》すれ、まして悪人《あくにん》はと、仰《おお》せ候《そうら》ひき。

第四条

一　慈悲《じひ》に聖道《しょうどう》・浄土《じょうど》のかはりめあり。聖道《しょうどう》の慈悲《じひ》といふは、ものをあはれみ、かなしみ、はぐくむなり。しかれども、おもふがごとくたすけとぐること、きはめてありがたし。浄土《じょうど》の慈悲《じひ》といふは、念仏《ねんぶつ》して、いそぎ仏《ぶつ》に成《な》りて、大慈大悲心《だいじだいひしん》をもつて、おもふがごとく衆生《しゅじょう》を利益《りやく》するをいふべきなり。今生《こんじょう》に、いかにいとほし不便《ふびん》とおもふとも、存知《ぞんじ》のごとくたすけがたければ、この慈悲《じひ》始終《しじゅう》なし。しかれば、念仏申《ねんぶつもう》すのみぞ、するとほりたる大慈悲心《だいじひしん》にて候《そうろ》ふべきと云々《うんぬん》。

第五条

一　親鸞《しんらん》は父母《ぶも》の孝養《きょうよう》のためとて、一返《いっぺん》にても念仏申《ねんぶつもう》したること、いまだ候《そうら》はず。そのゆゑは、一切《いっさい》の有情《うじょう》はみなもつて世々生々《せせしょうじょう》の父母《ぶも》・兄弟《きょうだい》なり。いづれもいづれも、この順次生《じゅんじしょう》に仏《ぶつ》に成《な》りてたすけ候《そうら》ふべきなり。わがちからにてはげむ善《ぜん》にても候《そうら》はばこそ、念仏《ねんぶつ》を回向《えこう》して父母《ぶも》をもたすけ候《そうら》はめ。ただ自力《じりき》をすてて、いそぎ浄土《じょうど》のさとりをひらきなば、六道四生《ろくどうししょう》のあひだ、いづれの業苦《ごっく》にしづめりとも、神通方便《じんずうほうべん》をもつて、まづ有《う》縁《えん》を度《ど》すべきなりと云々《うんぬん》。

第六条

一　専修念仏《せんじゅねんぶつ》のともがらの、わが弟子《でし》、ひとの弟子《でし》といふ相論《そうろん》の候《そうろ》ふらんこと、もつてのほかの子細《しさい》なり。親鸞《しんらん》は弟子《でし》一人《いちにん》ももたず候《そうろ》ふ。そのゆゑは、わがはからひにて、ひとに念仏《ねんぶつ》を申《もう》させ候《そうら》はばこそ、弟子《でし》にても候《そうら》はめ。弥陀《みだ》の御《おん》もよほしにあづかつて念仏《ねんぶつ》申《もう》し候《そうろ》ふひとを、わが弟子《でし》と申《もう》すこと、きはめたる荒涼《こうりょう》のことなり。つくべき縁《えん》あればともなひ、はなるべき縁《えん》あればはなるることのあるをも、師《し》をそむきて、ひとにつれて念仏《ねんぶつ》すれば、往生《おうじょう》すべからざるものなりなんどいふこと、不可説《ふかせつ》なり。如来《にょらい》よりたまはりたる信心《しんじん》を、わがものがほに、とりかへさんと申《もう》すにや。かへすがへすもあるべからざることなり。自然《じねん》のことわりにあひかなはば、仏恩《ぶつとん》をもしり、また師《し》の恩《おん》をもしるべきなりと云々《うんぬん》。

第七条

一 念仏者《ねんぶつしゃ》は無礙《むげ》の一道《いちどう》なり。そのいはれいかんとならば、信心《しんじん》の行者《ぎょうじゃ》には、天神《てんじん》・地祇《じぎ》も敬伏《きょうぶく》し、魔界《まかい》・外道《げどう》も障礙《しょうげ》することなし。罪悪《ざいあく》も業報《ごうほう》を感《かん》ずることあたはず、諸善《しょぜん》もおよぶことなきゆゑなりと云々《うんぬん》。

第八条

一 念仏《ねんぶつ》は行者《ぎょうじゃ》のために、非行《ひぎょう》・非善《ひぜん》なり。わがはからひにて行《ぎょう》ずるにあらざれば、非行《ひぎょう》といふ。わがはからひにてつくる善《ぜん》にもあらざれば、非善《ひぜん》といふ。ひとへに他力《たりき》にして、自力《じりき》をはなれたるゆゑに、行者《ぎょうじゃ》のためには、非行《ひぎょう》・非善《ひぜん》なりと云々《うんぬん》。

第九条

一　念仏申《ねんぶつもう》し候《そうら》へども、踊躍歓喜《ゆやくかんぎ》のこころおろそかに候《そうろ》ふこと、またいそぎ浄土《じょうど》へまゐりたきこころの候《そうら》はぬは、いかにと候《そうろ》ふべきことにて候《そうろ》ふやらんと、申《もう》しいれて候《そうら》ひしかば、親鸞《しんらん》もこの不審《ふしん》ありつるに、唯円房《ゆいえんぼう》おなじこころにてありけり。よくよく案《あん》じみれば、天《てん》にをどり地《ち》にをどるほどによろこぶべきことをよろこばぬにて、いよいよ往生《おうじょう》は一定《いちじょう》とおもひたまふなり。よろこぶべきこころをおさへてよろこばざるは、煩悩《ぼんのう》の所《しょ》為《い》なり。しかるに仏《ぶつ》かねてしろしめして、煩悩具《ぼんのうぐ》足《そく》の凡夫《ぼんぶ》と仰《おお》せられたることなれば、他力《たりき》の悲願《ひがん》はかくのごとし、われらがためなりけりとしられて、いよいよたのもしくおぼゆるなり。また浄土《じょうど》へいそぎまゐりたきこころのなくて、いささか所労《しょろう》のこともあれば、死《し》なんずるやらんとこころぼそくおぼゆることも、煩悩《ぼんのう》の所為《しょい》なり。久遠劫《くおんごう》よりいままで流転《るてん》せる苦悩《くのう》の旧里《きゅうり》はすてがたく、いまだ生《うま》れざる安養浄土《あんにょうじょうど》はこひしからず候《そうろ》ふこと、まことによくよく煩悩《ぼんのう》の興盛《こうじょう》に候《そうろ》ふにこそ。なごりをしくおもへども、娑婆《しゃば》の縁《えん》尽《つ》きて、ちからなくしてをはるときに、かの土《ど》へはまゐるべきなり。いそぎまゐりたきこころなきものを、ことにあはれみたまふなり。これにつけてこそ、いよいよ大悲《だいひ》大願《だいがん》はたのもしく、往生《おうじょう》は決定《けつじょう》と存《ぞん》じ候《そうら》へ。踊躍歓喜《ゆやくかんぎ》のこころもあり、いそぎ浄土《じょうど》へもまゐりたく候《そうら》はんには、煩悩《ぼんのう》のなきやらんと、あやしく候《そうら》ひなましと云々《うんぬん》。

第十条

一　念仏《ねんぶつ》には無義《むぎ》をもつて義《ぎ》とす。不可称不可説不可思議《ふかしょうふかせつふかしぎ》のゆゑにと仰《おお》せ候《そうら》ひき。

そもそも、かの御在生《ございしょう》のむかし、おなじくこころざしをして、あゆみを遼遠《りょうえん》の洛陽《らくよう》にはげまし、信《しん》をひとつにして、心《こころ》を当来《とうらい》の報土《ほうど》にかけしともがらは、同時《どうじ》に御意趣《ごいしゅ》をうけたまはりしかども、そのひとびとにともなひて念仏申《ねんぶつもう》さるる老若《ろうにゃく》、そのかずをしらずおはしますなかに、上人《しょうにん》（親鸞）の仰《おお》せにあらざる異義《いぎ》どもを、近来《きんらい》はおほく仰《おお》せられあうて候《そうろ》ふよし、伝《つた》へうけたまはる。いはれなき条々《じょうじょう》の子細《しさい》のこと。

第十一条

一　一文不通《いちもんふつう》のともがらの念仏申《ねんぶつもう》すにあうて、「なんぢは誓願不思議《せいがんふしぎ》を信《しん》じて念仏申《ねんぶつもう》すか、また名号不思議《みょうごうふしぎ》を信《しん》ずるか」といひおどろかして、ふたつの不思議《ふしぎ》を子細《しさい》をも分明《ぶんみょう》にいひひらかずして、ひとのこころをまどはすこと。この条《じょう》、かへすがへすもこころをとどめて、おもひわくべきことなり。

誓願《せいがん》の不思議《ふしぎ》によりて、やすくたもち、となへやすき名号《みょうごう》を案《あん》じいだしたまひて、この名字《みょうじ》をとなへんものをむかへとらんと御約束《おんやくそく》あることなれば、まづ弥陀《みだ》の大悲大願《だいひだいがん》の不思議《ふしぎ》にたすけられまゐらせて、生死《しょうじ》を出《い》づべしと信《しん》じて、念仏《ねんぶつ》の申《もう》さるるも如来《にょらい》の御《おん》はからひなりとおもへば、すこしもみづからのはからひまじはらざるがゆゑに、本願《ほんがん》に相応《そうおう》して、実報土《じっぽうど》に往生《おうじょう》するなり。これは誓願《せいがん》の不思議《ふしぎ》をむねと信《しん》じたてまつれば、名《みょう》号《ごう》の不思議《ふしぎ》も具足《ぐそく》して、誓願《せいがん》・名号《みょうごう》の不思議《ふしぎ》ひとつにして、さらに異《こと》なることなきなり。つぎにみづからのはからひをさしはさみて、善悪《ぜんあく》のふたつにつきて、往生《おうじょう》のたすけ・さはり、二様《ふたよう》におもふは、誓願《せいがん》の不思議《ふしぎ》をばたのまずして、わがこころに往生《おうじょう》の業《ごう》をはげみて申《もう》すところの念仏《ねんぶつ》をも自行《じぎょう》になすなり。このひとは、名号《みょうごう》の不思議《ふしぎ》をもまた信《しん》ぜざるなり。信《しん》ぜざれども、辺地懈慢《へんじけまん》・疑城胎宮《ぎじょうたいぐ》にも往生《おうじょう》して、果遂《かすい》の願《がん》（第二十願）のゆゑに、つひに報土《ほうど》に生《しょう》ずるは、名号不思議《みょうごうふしぎ》のちからなり。これすなはち、誓願不思議《せいがんふしぎ》のゆゑなれば、ただひとつなるべし。

第十二条

一　経釈《きょうしゃく》をよみ学《がく》せざるともがら、往生不定《おうじょうふじょう》のよしのこと。この条《じょう》、すこぶる不足言《ふそくごん》の義《ぎ》といひつべし。

他力真実《たりきしんじつ》のむねをあかせるもろもろの正教《しょうぎょう》は、本願《ほんがん》を信《しん》じ念仏《ねんぶつ》を申《もう》さば仏《ぶつ》に成《な》る。そのほか、なにの学問《がくもん》かは往生《おうじょう》の要《よう》なるべきや。まことに、このことわりに迷《まよ》へらんひとは、いかにもいかにも学問《がくもん》して、本願《ほんがん》のむねをしるべきなり。経釈《きょうしゃく》をよみ学《がく》すといへども、聖教《しょうぎょう》の本意《ほんい》をこころえざる条《じょう》、もつとも不便《ふびん》のことなり。一文不通《いちもんふつう》にして、経釈《きょうしゃく》の往《ゆ》く路《じ》もしらざらんひとの、となへやすからんための名号《みょうごう》におはしますゆゑに、易行《いぎょう》といふ。学問《がくもん》をむねとするは聖道門《しょうどうもん》なり、難行《なんぎょう》となづく。あやまって学問《がくもん》して名聞《みょうもん》・利養《りよう》のおもひに住《じゅう》するひと、順次《じゅんじ》の往生《おうじょう》、いかがあらんずらんといふ証文《しょうもん》も候《そうろ》ふべきや。当《とう》時《じ》、専修念仏《せんじゅねんぶつ》のひとと聖道門《しょうどうもん》のひと、法論《ほうろん》をくはだてて、「わが宗《しゅう》こそすぐれたれ、ひとの宗《しゅう》はおとりなり」といふほどに、法敵《ほうてき》も出《い》できたり、謗法《ほうぼう》もおこる。これしかしながら、みづからわが法《ほう》を破謗《はほう》するにあらずや。たとひ諸門《しょもん》こぞりて、「念仏《ねんぶつ》はかひなきひとのためなり、その宗《しゅう》あさし、いやし」といふとも、さらにあらそはずして、「われらがごとく下根《げこん》の凡夫《ぼんぶ》、一文不通《いちもんふつう》のものの、信《しん》ずればたすかるよし、うけたまはりて信《しん》じ候《そうら》へば、さらに上根《じょうこん》のひとのためにはいやしくとも、われらがためには最上《さいじょう》の法《ほう》にてまします。たとひ自余《じよ》の教法《きょうぼう》すぐれたりとも、みづからがためには器量《きりょう》およばざれば、つとめがたし。われもひとも、生死《しょうじ》をはなれんことこそ、諸仏《しょぶつ》の御本意《ごほんい》にておはしませば、御《おん》さまたげあるべからず」とて、にくい気《げ》せずは、たれのひとかありて、あだをなすべきや。かつは諍論《じょうろん》のところにはもろもろの煩悩《ぼんのう》おこる、智者遠離《ちしゃおんり》すべきよしの証文《しょうもん》候《そうろ》ふにこそ。故聖人《こしょうにん》（親鸞）の仰《おお》せには、「この法《ほう》をば信《しん》ずる衆生《しゅじょう》もあり、そしる衆生《しゅじょう》まつる。またひとありてそしるにて、仏説《ぶっせつ》まことなりけりとしられ候《そうろ》ふ。しかれば、往生《おうじょう》はいよいよ一定《いちじょう》とおもひたまふなり。あやまってそしるひとの候《そうら》はざらんにこそ、いかに信《しん》ずるひとはあれども、そしるひとのなきやらんともおぼえ候《そうら》ひぬべけれ。かく申《もう》せばとて、かならずひとにそしられんとにはあらず。仏《ぶっ》の、かねて信謗《しんぼう》ともにあるべきむねをしろしめして、ひとの疑《うたがい》をあらせじと、説《と》きおかせたまふことを申《もう》すなり」とこそ候《そうら》ひしか。

今《いま》の世《よ》には、学文《がくもん》してひとのそしりをやめ、ひとへに論義問答《ろんぎもんどう》むねとせんとかまへられ候《そうろ》ふにや。学問《がくもん》せば、いよいよ如来《にょらい》の御本意《ごほんい》をしり、悲願《ひがん》の広大《こうだい》のむねをも存知《ぞんじ》して、いやしからん身《み》にて往生《おうじょう》はいかがなんどあやぶまんひとにも、本願《ほんがん》には善悪《ぜんあく》・浄穢《じょうえ》なき趣《おもむき》をも説《と》ききかせられ候《そうら》はばこそ、学生《がくしょう》のかひにても候《そうら》はめ。たまたまなにごころもなく、本願《ほんがん》に相応《そうおう》して念仏《ねんぶつ》するひとをも、学文《がくもん》してこそなんどいひおどさるること、法《ほう》の魔障《ましょう》なり、仏《ぶっ》の怨敵《おんてき》なり。みづから他力《たりき》の信心《しんじん》かくるのみならず、あやまって他《た》を迷《まよ》はさんとす。つつしんでおそるべし、先師《せんし》（親鸞）の御《おん》こころにそむくことを。かねてあはれむべし、弥陀《みだ》の本願《ほんがん》にあらざることを。

第十三条

一　弥陀《みだ》の本願《ほんがん》不思議《ふしぎ》におはしませばとて、悪《あく》をおそれざるは、また本願《ほんがん》ぼこりとて、往生《おうじょう》かなふべからずといふこと。この条《じょう》、本願《ほんがん》を疑《うたが》ふ、善悪《ぜんあく》の宿業《しゅくごう》をこころえざるなり。

よきこころのおこるも、宿善《しゅくぜん》のもよほすゆゑなり。悪事《あくじ》のおもはれせらるるも、悪業《あくごう》のはからふゆゑなり。故聖人《こしょうにん》（親鸞）の仰《おお》せには、「卯毛《うもう》・羊毛《ようもう》のさきにゐるちりばかりもつくる罪《つみ》の、宿業《しゅくごう》にあらずといふことなしとしるべし」と候《そうら》ひき。

またあるとき、「唯円房《ゆいえんぼう》はわがいふことをば信《しん》ずるか」と、仰《おお》せの候《そうら》ひしあひだ、「さん候《ぞうろ》ふ」と、申し候《そうら》ひしかば、「さらば、いはんことたがふまじきか」と、かさねて仰《おお》せの候《そうら》ひしあひだ、つつしんで領状申《りょうじょうもう》して候《そうら》ひしかば、「たとへばひと千人《せんにん》ころしてんや、しからば往生《おうじょう》は一定《いちじょう》すべし」と、仰《おお》せ候《そうら》ひしとき、「仰《おお》せにては候《そうら》へども、一人《いちにん》もこの身《み》の器量《きりょう》にては、ころしつべしともおぼえず候《そうろ》ふ」と、申《もう》して候《そうら》ひしかば、「さてはいかに親鸞《しんらん》がいふことをたがふまじきとはいふぞ」と。「これにてしるべし。なにごともこころにまかせたることならば、往生《おうじょう》のために千人《せんにん》ころせといはんに、すなはちころすべし。しかれども、一人《いちにん》にてもかなひぬべき業縁《ごうえん》なきによりて、害《がい》せざるなり。わがこころのよくてころさぬにはあらず。また害《がい》せじとおもふとも、百人《ひゃくにん》・千人《せんにん》をころすこともあるべし」と、仰《おお》せの候《そうら》ひしかば、われらがこころのよきをばよしとおもひ、悪《あ》しきことをば悪《あ》しとおもひて、願《がん》の不思議《ふしぎ》にてたすけたまふといふことをしらざることを、仰《おお》せの候《そうら》ひしなり。そのかみ邪見《じゃけん》におちたるひとあつて、悪《あく》をつくりたるものをたすけんといふ願《がん》にてましませばとて、わざとこのみて悪《あく》をつくりて、往生《おうじょう》の業《ごう》とすべきよしをいひて、やうやうにあしざまなることのきこえ候《そうら》ひしとき、御消息《ごしょうそく》に、「薬《くすり》あればとて、毒《どく》をこのむべからず」と、あそばされて候《そうろ》ふは、かの邪執《じゃしゅう》をやめんがためなり。まつたく、悪《あく》は往生《おうじょう》のさはりたるべしとにはあらず。持戒持律《じかいじりつ》にてのみ本願《ほんがん》を信《しん》ずべくは、われらいかでか生死《しょうじ》をはなるべきやと。かかるあさましき身《み》も、本願《ほんがん》にあひたてまつりてこそ、げにほこられ候《そうら》へ。さればとて、身《み》にそなへざらん悪業《あくごう》は、よもつくられ候《そうら》はじものを。また、「海《うみ》・河《かわ》に網《あみ》をひき、釣《つり》をして、世《よ》をわたるものも、野山《のやま》にししをかり、鳥《とり》をとりて、いのちをつぐともがらも、商《あきな》ひをし、田畠《でんばく》をつくりて過《す》ぐるひとも、ただおなじことなり」と。「さるべき業縁《ごうえん》のもよほさば、いかなるふるまひもすべし」とこそ、聖人《しょうにん》（親鸞）は仰《おお》せ候《そうら》ひしに、当時《とうじ》は後世者《ごせしゃ》ぶりして、よからんものばかり念仏申《ねんぶつもう》すべきやうに、あるいは道場《どうじょう》にはりぶみをして、なんなんのことしたらんものをば、道場《どうじょう》へ入《い》るべからずなんどといふこと、ひとへに賢善精進《けんぜんしょうじん》の相《そう》を外《ほか》にしめして、内《うち》には虚仮《こけ》をいだけるものか。願《がん》にほこりてつくらん罪《つみ》も、宿業《しゅくごう》のもよほすゆゑなり。されば善《よ》きことも悪《あ》しきことも業報《ごうほう》にさしまかせて、ひとへに本願《ほんがん》をたのみまゐらすればこそ、他力《たりき》にては候《そうら》へ。『唯信抄《ゆいしんしょう》』にも、「弥陀《みだ》いかばかりのちからましますとしりてか、罪業《ざいごう》の身《み》なればすくはれがたしとおもふべき」と候《そうろ》ふぞかし。本願《ほんがん》にほこるこころのあらんにつけてこそ、他力《たりき》をたのむ信心《しんじん》も決定《けつじょう》しぬべきことにて候《そうら》へ。おほよそ悪業《あくごう》煩悩《ぼんのう》を断《だん》じ尽《つく》してのち、本願《ほんがん》を信《しん》ぜんのみぞ、願《がん》にほこるおもひもなくてよかるべきに、煩悩《ぼんのう》を断《だん》じなば、すなはち仏《ぶつ》に成《な》り、仏《ぶつ》のためには、五劫思惟《ごこうしゆい》の願《がん》、その詮《せん》なくやましまさん。本願《ほんがん》ぼこりといましめらるるひとびとも、煩悩《ぼんのう》・不浄具足《ふじょうぐそく》せられてこそ候《そうろ》うげなれ。それは願《がん》にほこらるるにあらずや。いかなる悪《あく》を本願《ほんがん》ぼこりといふ、いかなる悪《あく》かほこらぬにて候《そうろ》ふべきぞや。かへりて、こころをさなきことか。

第十四条

一　一念《いちねん》に八十億劫《はちじゅうおくこう》の重罪《じゅうざい》を滅《めっ》すと信《しん》ずべしといふこと。この条《じょう》は、十悪《じゅうあく》・五逆《ごぎゃく》の罪人《ざいにん》、日《ひ》ごろ念仏《ねんぶつ》を申《もう》さずして、命終《みょうじゅう》のとき、はじめて善知《ぜんぢ》識《しき》のをしへにて、一念申《いちねんもう》せば八十《はちじゅう》億劫《おくこう》の罪《つみ》を滅《めっ》し、十念申《じゅうねんもう》せば十《と》八十億劫《はちじゅうおくこう》の重罪《じゅうざい》を滅《めっ》して往生《おうじょう》すといへり。これは十悪《じゅうあく》・五逆《ごぎゃく》の軽重《きょうじゅう》をしらせんがために、一念《いちねん》・十念《じゅうねん》といへるか、滅罪《めつざい》の利益《りやく》なり。いまだわれらが信《しん》ずるところにおよばず。そのゆゑは、弥陀《みだ》の光明《こうみょう》に照《て》らされまゐらするゆゑに、一念発起《いちねんぽっき》するとき金剛《こんごう》の信心《しんじん》をたまはりぬれば、すでに定聚《じょうじゅ》の位《くらい》にをさめしめたまひて、命終《みょうじゅう》すれば、もろもろの煩悩悪障《ぼんのうあくしょう》を転《てん》じて、無生忍《むしょうにん》をさとらしめたまふなり。この悲《ひ》願《がん》ましまさずは、かかるあさましき罪人《ざいにん》、いかでか生死《しょうじ》を解脱《げだつ》すべきとおもひて、一生《いっしょう》のあひだ申《もう》すところの念仏《ねんぶつ》は、みなことごとく如来大悲《にょらいだいひ》の恩《おん》を報《ほう》じ、徳《とく》を謝《しゃ》すとおもふべきなり。念仏申《ねんぶつもう》さんごとに、罪《つみ》をほろぼさんと信《しん》ぜんは、すでにわれと罪《つみ》を消《け》して、往生《おうじょう》せんとはげむにてこそ候《そうろ》ふなれ。もししからば、一生《いっしょう》のあひだおもひとおもふこと、みな生死《しょうじ》のきづなにあらざることなければ、いのち尽《つ》きんまで念仏退転《ねんぶつたいてん》せずして往生《おうじょう》すべし。ただし業報《ごうほう》かぎりあることなれば、いかなる不思議《ふしぎ》のことにもあひ、また病悩苦痛《びょうのうくつう》せめて、正念《しょうねん》に住《じゅう》せずしてをはらん。念仏申《ねんぶつもう》すことかたし。そのあひだの罪《つみ》をば、いかがして滅《めつ》すべきや。罪消《つみき》えざれば、往生《おうじょう》はかなふべからざるか。摂取不捨《せっしゅふしゃ》の願《がん》をたのみたてまつらば、いかなる不思議《ふしぎ》ありて、罪業《ざいごう》をかし、念仏申《ねんぶつもう》さずしてをはるとも、すみやかに往生《おうじょう》をとぐべし。また念仏《ねんぶつ》の申《もう》されんも、ただいまさとりをひらかんずる期《ご》のちかづくにしたがひても、いよいよ弥陀《みだ》をたのみ、御恩《ごおん》を報《ほう》じたてまつるにてこそ候《そうら》はめ。罪《つみ》を滅《めつ》せんとおもはんは、自力《じりき》のこころにして、臨終正念《りんじゅうしょうねん》といのるひとの本意《ほんい》なれば、他力《たりき》の信心《しんじん》なきにて候《そうろ》ふなり。

第十五条

一　煩悩具足《ぼんのうぐそく》の身《み》をもつて、すでにさとりをひらくといふこと。この条《じょう》、もつてのほかのことに候《そうろ》ふ。

即身成仏《そくしんじょうぶつ》は真言秘教《しんごんひきょう》の本意《ほんい》、三密行業《さんみつぎょうごう》の証果《しょうか》なり。六根清浄《ろっこんしょうじょう》はまた法華一乗《ほっけいちじょう》の所説《しょせつ》、四安楽《しあんらく》の行《ぎょう》の感徳《かんとく》なり。これみな難行上根《なんぎょうじょうこん》のつとめ、観念成就《かんねんじょうじゅ》のさとりなり。来生《らいしょう》の開《かい》覚《かく》は他力浄土《たりきじょうど》の宗旨《しゅうし》、信心決定《しんじんけつじょう》の通故《つうこ》なり。これまた易行下根《いぎょうげこん》のつとめ、不簡善悪《ふけんぜんあく》の法《ほう》なり。おほよそ今生《こんじょう》においては、煩悩悪障《ぼんのうあくしょう》を断《だん》ぜんこと、きはめてありがたきあひだ、真言《しんごん》・法華《ほっけ》を行《ぎょう》ずる浄侶《じょうりょ》、なほもつて順次生《じゅんじしょう》のさとりをいのる。いかにいはんや、戒《かい》行《ぎょう》・慧解《えげ》ともになしといへども、弥陀《みだ》の願船《がんせん》に乗《じょう》じて、生死《しょうじ》の苦海《くかい》をわたり、報土《ほうど》の岸《きし》につきぬるものならば、煩悩《ぼんのう》の黒雲《こくうん》はやく晴《は》れ、法性《ほっしょう》の覚月《かくげつ》すみやかにあらはれて、尽《じん》十方《じっぽう》の無碍《むげ》の光明《こうみょう》に一味《いちみ》にして、一切《いっさい》の衆生《しゅじょう》を利益《りやく》せんときにこそ、さとりにては候《そうら》へ。この身《み》をもつてさとりをひらくと候《そうろ》ふなるひとは、釈尊《しゃくそん》のごとく、種々《しゅじゅ》の応化《おうげ》の身《み》をも現《げん》じ、三十二相《さんじゅうにそう》・八十随形好《はちじゅうずいぎょうこう》をも具足《ぐそく》して、説法利益《せっぽうりやく》候《そうろ》ふにや。これをこそ、今生《こんじょう》にさとりをひらく本《ほん》とは申《もう》し候《そうら》へ。『和讃《わさん》』（高僧和讃・七七）にいはく、「金剛堅固《こんごうけんご》の信心《しんじん》の さだまるときをまちえてぞ 弥陀《みだ》の心光摂護《しんこうしょうご》して ながく生死《しょうじ》をへだてける」と候《そうろ》ふは、信心《しんじん》の定《さだ》まるときに、ひとたび摂取《せっしゅ》して捨《す》てたまはざれば、六道《ろくどう》に輪廻《りんね》すべからず。しかれば、ながく生死《しょうじ》をばへだて候《そうろ》ふぞかし。かくのごとくしるを、さとるとはいひまぎらかすべきや。あはれに候《そうろ》ふをや。「浄土真宗《じょうどしんしゅう》には、今生《こんじょう》に本願《ほんがん》を信《しん》じて、かの土《ど》にしてさとりをばひらくとならひ候《そうろ》ふぞ」とこそ、故聖人《こしょうにん》（親鸞）の仰《おお》せには候《そうら》ひしか。

第十六条

一　信心《しんじん》の行者《ぎょうじゃ》、自然《じねん》にはらをもたて、あしざまなることをもをかし、同朋同侶《どうぼうどうりょ》にもあひて口論《こうろん》をもしては、かならず回心《えしん》すべしといふこと。この条《じょう》、断悪修善《だんあくしゅぜん》のここちか。一向専修《いっこうせんじゅ》のひとにおいては、回心《えしん》といふこと、ただひとたびあるべし。その回心《えしん》は、日《ひ》ごろ本願他力真宗《ほんがんたりきしんしゅう》をしらざるひと、弥陀《みだ》の智慧《ちえ》をたまはりて、日《ひ》ごろのこころにては往生《おうじょう》かなふべからずとおもひて、もとのこころをひきかへて、本願《ほんがん》をたのみまゐらするをこそ、回心《えしん》とは申《もう》し候《そうら》へ。一切《いっさい》の事《じ》に、あしたゆふべに回心《えしん》して、往生《おうじょう》をとげ候《そうろ》ふべくは、ひとのいのちは、出《い》づる息《いき》、入《い》るほどをまたずしてをはることなれば、回心《えしん》もせず、柔和忍辱《にゅうわにんにく》のおもひにも住《じゅう》せざらんさきにいのち尽《つ》き〔な〕ば、摂取不捨《せっしゅふしゃ》の誓願《せいがん》はむなしくならせおはしますべきにや。口《くち》には願力《がんりき》をたのみたてまつるといひて、こころにはさこそ悪人《あくにん》をたすけんといふ願《がん》、不思議《ふしぎ》にましますといふとも、さすがよからんものをこそたすけたまはんずれとおもふほどに、願力《がんりき》を疑《うたが》ひ、他力《たりき》をたのみまゐらするこころかけて、辺地《へんじ》の生《しょう》をうけんこと、もつともなげきおもひたまふべきことなり。信心定《しんじんさだ》まりなば、往生《おうじょう》は弥陀《みだ》にはからはれまゐらせてすることなれば、わがはからひなるべからず。わろからんにつけても、いよいよ願力《がんりき》を仰《あお》ぎまゐらせば、自然《じねん》のことわりにて、柔和忍辱《にゅうわにんにく》のこころも出《い》でくべし。すべてよろづのことにつけて、往生《おうじょう》にはかしこきおもひを具《ぐ》せずして、ただほれぼれと弥陀《みだ》の御恩《ごおん》の深重《じんじゅう》なること、つねはおもひいだしまゐらすべし。しかれば、念仏《ねんぶつ》も申《もう》され候《そうろ》ふ。これ自然《じねん》なり。わがはからはざるを自然《じねん》と申《もう》すなり。これすなはち他力《たりき》にてまします。しかるを、自然《じねん》といふことの別《べつ》にあるやうに、われ物《もの》しりがほにいふひとの候《そうろ》ふよしうけたまはる、あさましく候《そうろ》ふ。

第十七条

一　辺地往生《へんじおうじょう》をとぐるひと、つひには地獄《じごく》におつべしといふこと。この条《じょう》、なにの証文《しょうもん》にみえ候《そうろ》ふぞや。学生《がくしょう》だつるひとのなかに、いひいださるることにて候《そうろ》ふなるこそ、あさましく候《そうら》へ。経論《きょうろん》・正教《しょうぎょう》をば、いかやうにみなされて候《そうろ》ふらん。

信心《しんじん》かけたる行者《ぎょうじゃ》は、本願《ほんがん》を疑《うたが》ふによりて、辺地《へんじ》に生《しょう》じて、疑《うたがい》の罪《つみ》をつぐのひてのち、報土《ほうど》のさとりをひらくとこそ、うけたまはり候《そうら》へ。信心《しんじん》の行者《ぎょうじゃ》すくなきゆゑに、化土《けど》におほくすすめいれられ候《そうろ》ふを、つひにむなしくなるべしと候《そうろ》ふなるこそ、如来《にょらい》に虚妄《こもう》を申《もう》しつけまゐらせられ候《そうろ》ふなれ。

第十八条

一　仏法《ぶっぽう》の方《かた》に、施入物《せにゅうもつ》の多少《たしょう》にしたがつて、大小仏《だいしょうぶつ》に成《な》るべしといふこと。この条《じょう》、不可説《ふかせつ》なり、不可説《ふかせつ》なり。比興《ひきょう》のことなり。

まづ、仏《ぶつ》に大小《だいしょう》の分量《ぶんりょう》を定《さだ》めんこと、あるべからず候《そうろ》ふか。かの安養浄土《あんにょうじょうど》の教主《きょうしゅ》（阿弥陀仏）の御身量《ごしんりょう》を説《と》かれて候《そうろ》ふも、それは方便報身《ほうべんほうじん》のかたちなり。法性《ほっしょう》のさとりをひらいて、長短《ちょうたん》・方円《ほうえん》のかたちにもあらず、青《しょう》・黄《おう》・赤《しゃく》・白《びゃく》・黒《こく》のいろをもはなれなば、なにをもつてか大小《だいしょう》を定《さだ》むべきや。念仏申《ねんぶつもう》すに、化仏《けぶつ》をみたてまつるといふことの候《そうろ》ふなるこそ、「大念《だいねん》には大仏《だいぶつ》を見《み》、小念《しょうねん》には小仏《しょうぶつ》を見《み》る」（大集経・意）といへるが、もしこのことわりなんどにばし、ひきかけられ候《そうろ》ふやらん。かつはまた、檀波羅蜜《だんばらみつ》の行《ぎょう》ともいひつべし。いかに宝物《たからもの》を仏前《ぶつぜん》にもなげ、師匠《ししょう》にも施《ほどこ》すとも、信心《しんじん》かけなば、その詮《せん》なし。一紙《いっし》・半銭《はんせん》も仏法《ぶっぽう》の方《かた》に入《い》れずとも、他力《たりき》にこころをなげて信心《しんじん》ふかくは、それこそ願《がん》の本意《ほんい》にて候《そうら》はめ。すべて仏法《ぶっぽう》にことをよせて、世間《せけん》の欲心《よくしん》もあるゆゑに、同朋《どうぼう》をいひおどさるるにや。

後序

右条々《みぎじょうじょう》は、みなもつて信心《しんじん》の異《こと》なるよりことおこり候《そうろ》ふか。故聖人《こしょうにん》（親鸞）の御物語《おんものがたり》に、法然聖人《ほうねんしょうにん》の御時《おんとき》、御弟子《おんでし》そのかずおはしけるなかに、おなじく御信心《ごしんじん》のひともすくなくおはしけるにこそ、親鸞《しんらん》、御同朋《おんどうぼう》の御中《おんなか》にして御相論《ごそうろん》のこと候《そうら》ひけり。そのゆゑは、「善信《ぜんしん》（親鸞）が信心《しんじん》も、聖人《しょうにん》（法然）の御信心《ごしんじん》も一《ひと》つなり」と仰《おお》せの候《そうら》ひければ、勢観《せいかん》房《ぼう》・念仏房《ねんぶつぼう》なんど申《もう》す御同朋達《おんどうぼうたち》、もつてのほかにあらそひたまひて、「いかでか聖人《しょうにん》の御信心《ごしんじん》に善信房《ぜんしんぼう》の信心《しんじん》、一《ひと》つにはあるべきぞ」と候《そうら》ひければ、「聖人《しょうにん》の御智慧《おんちえ》・才覚《さいかく》ひろくおはしますに、一《ひと》つならんと申《もう》さばこそひがごとならめ。往生《おうじょう》の信心《しんじん》においては、まつたく異《こと》なることなし、ただ一《ひと》つなり」と御返答《ごへんとう》ありけれども、なほ「いかでかその義《ぎ》あらん」といふ疑難《ぎなん》ありければ、詮《せん》ずるところ、聖人《しょうにん》の御《おん》まへにて自他《じた》の是非《ぜひ》を定《さだ》むべきにて、この子細《しさい》を申《もう》しあげければ、法然聖人《ほうねんしょうにん》の仰《おお》せには、「源空《げんくう》が信心《しんじん》も、如来《にょらい》よりたまはりたる信心《しんじん》なり。善信房《ぜんしんぼう》の信心《しんじん》も、如来《にょらい》よりたまはらせたまひたる信心《しんじん》なり。さればただ一《ひと》つなり。別《べつ》の信心《しんじん》にておはしまさんひとは、源空《げんくう》がまゐらんずる浄土《じょうど》へは、よもまゐらせたまひ候《そうら》はじ」と仰《おお》せ候《そうら》ひしかば、当時《とうじ》の一向専修《いっこうせんじゅ》のひとびとのなかにも、親鸞《しんらん》の御信心《ごしんじん》に一《ひと》つならぬ御《おん》ことも候《そうろ》ふらんとおぼえ候《そうろ》ふ。いづれもいづれも繰《く》り言《ごと》にて候《そうら》へども、書《か》きつけ候《そうろ》ふなり。露命《ろめい》わづかに枯草《こそう》の身《み》にかかりて候《そうろ》ふほどにこそ、あひともなはしめたまふひとびと〔の〕御不審《ごふしん》をもうけたまはり、聖人《しょうにん》（親鸞）の仰《おお》せの候《そうら》ひし趣《おもむき》をも申《もう》しきかせまゐらせ候《そうら》へども、閉眼《へいがん》ののちは、さこそしどけなきことどもにて候《そうら》はんずらめと、歎《なげ》き存《ぞん》じ候《そうら》ひて、かくのごとくの義《ぎ》ども、仰《おお》せられあひ候《そうろ》ふひとびとにも、いひまよはされなんどせらるることの候《そうら》はんときは、故聖人《こしょうにん》（親鸞）の御《おん》こころにあひかなひて御《おん》もちゐ候《そうろ》ふ御聖教《おんしょうぎょう》どもを、よくよく御覧候《ごらんそうろ》ふべし。おほよそ聖《しょう》教《ぎょう》には、真実《しんじつ》・権仮《ごんけ》ともにあひまじはり候《そうろ》ふなり。権《ごん》をすてて実《じつ》をとり、仮《け》をさしおきて真《しん》をもちゐるこそ、聖人《しょうにん》（親鸞）の御本意《ごほんい》にて候《そうら》へ。かまへてかまへて、聖教《しょうぎょう》をみ、みだらせたまふまじく候《そうろ》ふ。大切《たいせつ》の証文《しょうもん》ども、少々《しょうしょう》ぬきいでまゐらせ候《そうろ》うて、目《め》やすにして、この書《しょ》に添《そ》へまゐらせて候《そうろ》ふなり。聖人《しょうにん》（親鸞）のつねの仰《おお》せには、「弥陀《みだ》の五《ご》劫思惟《こうしゆい》の願《がん》をよくよく案《あん》ずれば、ひとへに親鸞一人《しんらんいちにん》がためなりけり。さればそれほどの業《ごう》をもちける身《み》にてありけるを、たすけんとおぼしめしたちける本願《ほんがん》のかたじけなさよ」と御述懐候《ごじゅっかいそうら》ひしことを、いままた案《あん》ずるに、善導《ぜんどう》の「自身《じしん》はこれ現《げん》に罪悪生死《ざいあくしょうじ》の凡《ぼん》夫《ぶ》、曠劫《こうごう》よりこのかたつねにしづみつねに流転《るてん》して、出離《しゅつり》の縁《えん》あることなき身《み》としれ」（「散善義」『註釈版聖典（七祖篇）』四五七頁）といふ金言《きんげん》に、すこしもたがはせおはしまさず。さればかたじけなく、わが御身《おんみ》にひきかけて、われらが身《み》の罪悪《ざいあく》のふかきほどをもしらず、如来《にょらい》の御恩《ごおん》のたかきことをもしらずして迷《まよ》へるを、おもひしらせんがためにて候《そうら》ひけり。まことに如来《にょらい》の御恩《ごおん》といふことをば沙汰《さた》なくして、われもひとも、よしあしといふことをのみ申《もう》しあへり。聖人《しょうにん》の仰《おお》せには、「善悪《ぜんあく》のふたつ、総《そう》じてもつて存知《ぞんじ》せざるなり。そのゆゑは、如来《にょらい》の御《おん》こころに善《よ》しとおぼしめすほどにしりとほしたらばこそ、善《よ》きをしりたるにてもあらめ、如来《にょらい》の悪《あ》しとおぼしめすほどにしりとほしたらばこそ、悪《あ》しさをしりたるにてもあらめど、煩悩具足《ぼんのうぐそく》の凡夫《ぼんぶ》、火宅無常《かたくむじょう》の世界《せかい》は、よろづのこと、みなもつてそらごとたはごと、まことあることなきに、ただ念仏《ねんぶつ》のみぞまことにておはします」とこそ仰《おお》せは候《そうら》ひしか。まことに、われもひともそらごとをのみ申《もう》しあひ候《そうろ》ふなかに、ひとついたましきことの候《そうろ》ふなり。そのゆゑは、念仏申《ねんぶつもう》すについて、信心《しんじん》の趣《おもむき》をもたがひに問答《もんどう》し、ひとにもいひきかするとき、ひとの口をふさぎ、相論《そうろん》をたたんがために、まつたく仰《おお》せにてなきことをも仰《おお》せとのみ申《もう》すこと、あさましく歎《なげ》き存《ぞん》じ候《そうろ》ふなり。このむねをよくよくおもひとき、こころえらるべきことに候《そうろ》ふ。これさらにわたくしのことばにあらずといへども、経釈《きょうしゃく》の往《ゆ》く路《じ》もしらず、法文《ほうもん》の浅深《せんじん》をこころえわけたることも候《そうら》はねば、さだめてをかしきことにてこそ候《そうら》はめども、古親鸞《こしんらん》の仰《おお》せごと候《そうら》ひし趣《おもむき》、百分《ひゃくぶん》が一《ひと》つ、かたはしばかりをもおもひいでまゐらせて、書《か》きつけ候《そうろ》ふなり。かなしきかなや、さいはひに念仏《ねんぶつ》しながら、直《じき》に報土《ほうど》に生《うま》れずして、辺地《へんじ》に宿《やど》をとらんこと。一室《いっしつ》の行者《ぎょうじゃ》のなかに、信心異《しんじんこと》なることなからんために、なくなく筆《ふで》を染《そ》めてこれをしるす。なづけて「歎異抄《たんにしょう》」といふべし。外見《がいけん》あるべからず。

流罪記録

後鳥羽院《ごとばのいん》の御宇《ぎょう》、法然聖人《ほうねんしょうにん》、他力本願念仏宗《たりきほんがんねんぶつしゅう》を興行《こうぎょう》す。時《とき》に、興福寺《こうぶくじ》の僧侶《そうりょ》、敵奏《てきそう》の上《うえ》、御弟子《おんでし》のなか、狼藉子細《ろうぜきしさい》あるよし、無実《むじつ》の風聞《ふうぶん》によりて罪科《ざいか》に処せらるる人数《にんじゅ》の事《こと》。

一　法然聖人《ほうねんしょうにん》ならびに御弟子《おんでし》七人《しちにん》、流罪《るざい》。また御弟子《おんでし》四人《しにん》、死罪《しざい》におこなはるるなり。

聖人《しょうにん》（法然）は土佐国《とさのくに》　幡多《はた》　といふ所《ところ》へ流罪《るざい》、罪名《ざいみょう》藤井元彦男《ふじいのもとひこおとこ》云々《うんぬん》、生年七十六《しょうねんしちじゅうろく》歳《さい》なり。

親鸞《しんらん》は越後国《えちごのくに》、罪名《ざいみょう》、藤井善信《ふじいのよしざね》云々《うんぬん》、生年三十五歳《しょうねんさんじゅうごさい》なり。

浄聞房《じょうもんぼう》　備後国《びんごのくに》　澄西禅光房《ちょうさいぜんこうぼう》　伯耆国《ほうきのくに》　好覚房《こうかくぼう》　伊豆国《いずのくに》　行空法本房《ぎょうくうほうほんぼう》　佐渡国《さどのくに》

幸西成覚房《こうさいじょうかくぼう》・善恵房《ぜんえぼう》二《に》人《にん》、同《おな》じく遠流《おんる》に定《さだ》まる。しかるに無動寺《むどうじ》の善題大僧正《ぜんだいだいそうじょう》、これを申《もう》しあづかると云々《うんぬん》。遠流《おんる》の人々《ひとびと》、以上八人《いじょうはちにん》なりと云々《うんぬん》。

死罪《しざい》に行《おこな》はる人々《ひとびと》
一番《いちばん》　西意善綽房《さいいぜんしやくぼう》
二番《にばん》　性願房《しようがんぼう》
三番《さんばん》　住蓮房《じゆうれんぼう》
四番《しばん》　安楽房《あんらくぼう》
二位法印尊長《にいのほういんそんちよう》の沙汰《さた》なり。

親鸞《しんらん》、僧儀《そうぎ》を改《あらた》めて俗名《ぞくみよう》を賜《たま》ふ。よつて僧《そう》にあらず俗《ぞく》にあらず、しかるあひだ、禿《とく》の字《じ》をもつて姓《しよう》となして、奏聞《そうもん》を経《へ》られをはんぬ。かの御申《おんもう》し状《じよう》、いまに外記庁《げきのちよう》に納《おさ》まると云々《うんぬん》。流罪《るざい》以後《いご》、愚禿親鸞《ぐとくしんらん》と書《か》かしめたまふなり。

右《みぎ》この聖教《しようぎよう》は、当流大事《とうりゆうだいじ》の聖教《しようぎよう》となすなり。無宿善《むしゆくぜん》の機《き》においては、左右《さう》なく、これを許《ゆる》すべからざるものなり。

釈蓮如（花押）

＊原文は本願寺出版社から刊行されている『歎異抄（文庫判）現代語訳付き』より引用いたしました。

装画本文・帯／しりあがり寿
帯デザイン　／水戸部功

初出誌「小説トリッパー」
2023年春季号、夏季号連載「たのしい知識」14、15回をもとに、
タイトルを変更し、本文も大幅に加筆修正しました。

高橋源一郎　たかはし・げんいちろう
1951年広島県生まれ。作家、明治学院大学名誉教授。横浜国立大学経済学部中退。81年『さようなら、ギャングたち』で群像新人長編小説賞優秀作となる。88年『優雅で感傷的な日本野球』で三島由紀夫賞、2002年『日本文学盛衰史』で伊藤整文学賞、12年『さよならクリストファー・ロビン』で谷崎潤一郎賞を受賞。著書に『13日間で「名文」を書けるようになる方法』『ぼくらの民主主義なんだぜ』『ゆっくりおやすみ、樹の下で』『一億三千万人のための「論語」教室』『たのしい知識　ぼくらの天皇(憲法)・汝の隣人・コロナの時代』『ぼくらの戦争なんだぜ』『だいたい夫が先に死ぬ　これも、アレだな』ほか多数。
2020年3月下旬よりNHK第一ラジオ「高橋源一郎の飛ぶ教室」でパーソナリティをつとめる。

朝日新書
935
一億《いちおく》三千万人《さんぜんまんにん》のための『歎異抄《たんにしょう》』

2023年11月30日第1刷発行
2024年2月10日第4刷発行

著　者　高橋源一郎

発行者　宇都宮健太朗
カバーデザイン　アンスガー・フォルマー　田嶋佳子
印刷所　TOPPAN株式会社
発行所　朝日新聞出版
〒104-8011　東京都中央区築地5-3-2
電話　03-5541-8832（編集）
　　　03-5540-7793（販売）

Published in Japan by Asahi Shimbun Publications Inc.
ISBN 978-4-02-295239-4
定価はカバーに表示してあります。

60歳から めきめき元気になる人
「退職不安」を吹き飛ばす秘訣

榎本博明

退職すれば自分の「役割」や「居場所」がなくなると迷い悩むのは間違い！　やっと自由の身になり、これから輝くのだ。残り時間が気になり始める50代、離職して途方に暮れている60代、70代。そんな方々のために、心理学博士がイキイキ人生へのヒントを示す。

アベノミクスは何を殺したか
日本の知性13人との闘論

原　真人

「日本経済が良くなるなんて思っていなかった、でもやるしかなかった」(日銀元理事)。史上最悪の社会実験「アベノミクス」はなぜ止められなかったか。どれだけの禍根が今後襲うか。水野和夫、佐伯啓思、藻谷浩介、翁邦雄、白川方明ら経済の泰斗と徹底検証する。

教育は遺伝に勝てるか？

安藤寿康

遺伝が学力に強く影響することは、もはや周知の事実だが、誤解も多い。本書は遺伝学の最新知見を平易に紹介し、理想論でも奇麗事でもない「その人にとっての成功」(＝自分で稼げる能力を見つけ伸ばす)はいかにして可能かを詳説。教育の可能性を探る。

シン・男がつらいよ
右肩下がりの時代の男性受難

奥田祥子

「ガッツ」重視の就活に始まり、妻子の経済的支柱たることを課せられ、育休をとれば、肩書を失えば、同僚らから蔑視される被抑圧性。「男らしさ」のジェンダー規範を具現化できず苦しむ男性が増えている。誰もが生きやすい社会を、詳細ルポを通して考える。

朝日新書

動乱の日本戦国史
桶狭間の戦いから関ヶ原の戦いまで

呉座勇一

教科書や小説に描かれる戦国時代の合戦は疑ってかかるべし。信長の鉄砲三段撃ち（長篠の戦い）、家康の問鉄砲（関ヶ原の戦い）などは後世の捏造だ！　戦国時代を象徴する六つの戦いについて、最新の研究結果を紹介し、その実態に迫る！

プア・ジャパン
気がつけば「貧困大国」

野口悠紀雄

かつて「ジャパン・アズ・ナンバーワン」とまで称されたわが国は大きく凋落し、購買力は1960年代のレベルまで下落した。経済大国から貧困大国に変貌しつつある日本経済の現状と復活策を、60年間世界をみつめた経済学の泰斗が明らかにする。

鵺《ぬえ》の政権
ドキュメント岸田官邸620日

朝日新聞政治部

朝日新聞大反響連載、待望の書籍化！　岸田政権の最大の危うさは「状況追従主義」にある。ビジョンと熟慮に欠け求心力がない。稚拙な政策のツケはやがて国民に及ぶ。つかみどころのない〝鵺〟のような虚像の正体に迫る渾身のルポ。

よもだ俳人子規の艶

夏井いつき
奥田瑛二

34年の短い生涯で約2万5千もの俳句を残した正岡子規。中には遊里や遊女を詠んだ句も意外に多く、ユーモアや反骨精神、ダンディズムなどが味わえる。そんな子規俳句を縦横無尽に読み込む、松山・東京・道後にわたる全三夜の子規トーク！

人類滅亡2つのシナリオ
AIと遺伝子操作が悪用された未来

小川和也

急速に進化する、AIとゲノム編集技術。画期的な技術ゆえ、制度設計の不備に〝悪意〟が付け込めば、人類の未来は大きく暗転する。「デザイナーベビーの量産」、「〝超知能〟による支配」……。想定しうる最悪な未来と回避策を示す。

発達「障害」でなくなる日

朝日新聞取材班

こだわりが強い、コミュニケーションが苦手といった発達障害の特性は本当に「障害」なのか。学校や会社、人間関係などに困難を感じる人々の事例を通し、当事者の生きづらさが消える新しい捉え方、接し方を探る。「朝日新聞」大反響連載を書籍化。

藤原氏の1300年
超名門一族で読み解く日本史

京谷一樹

摂関政治によって栄華を極めた藤原氏は、一族の「ブランド」を最大限に生かし続け、武士の世も、激動の近現代も生き抜いた。大化の改新の中臣鎌足から昭和の内閣総理大臣・近衛文麿までの90人を取り上げ、名門一族の華麗なる物語をひもとく。

台湾有事　日本の選択

田岡俊次

台湾有事――本当の危機が迫っている。米中対立のリアル、思考停止する日本政府の実態、日本がこうむる人的・経済的損害の実相。選択を間違えたら日本は壊滅する。安保政策が歴史的大転換を遂げた今、老練の軍事ジャーナリストによる渾身の警告！

どろどろの聖人伝

清涼院流水

サンタクロースってどんな人だったの？　12使徒の生涯とは？　キリスト教の聖人は、意外にも2000人以上存在します。そのなかから、有名な聖人を取り上げ、その物語をご紹介。聖人伝を通して、日本とは異なる文化を楽しんでいただけることでしょう。

一億三千万人のための『歎異抄』

高橋源一郎

戦乱と飢饉の中世、弟子の唯円が聞き取った親鸞の『歎異抄』。救い、悪、他力の教えに、西田幾多郎、司馬遼太郎、梅原猛、吉本隆明は魅了され、著者も10年近く読みこんだ。『歎異抄』は親鸞の『君たちはどう生きるか』なのだ。今の言葉で伝えるみごとな翻訳。